乔布斯

活着就是为了改变世界

启 文 编著

山东画报出版社

图书在版编目（CIP）数据

乔布斯　活着就是为了改变世界 / 启文编著 . -- 济
南：山东画报出版社，2020.6
（揭秘世界财富）
ISBN 978-7-5474-3512-0

Ⅰ . ①乔… Ⅱ . ①启… Ⅲ . ①乔布斯（Jobs, Steve
Paul 1955-2011）—企业管理—经验 Ⅳ . ① F471.266

中国版本图书馆 CIP 数据核字（2020）第 093266 号

乔布斯：活着就是为了改变世界
QIAOBUSI : HUOZHE JIUSHI WEILE GAIBIAN SHIJIE
（揭秘世界财富）
（JIEMI SHIJIE CAIFU）

启　文 编著

责任编辑　李　慧
装帧设计　青蓝工作室

主管单位　山东出版传媒股份有限公司
出版发行　山东画报出版社
　　　社　　　址　济南市市中区英雄山路 189 号 B 座　邮编 250002
　　　电　　　话　总编室（0531）82098472
　　　　　　　　　市场部（0531）82098479　82098476（传真）
　　　网　　　址　http://www.hbcbs.com.cn
　　　电子信箱　hbcb@sdpress.com.cn
印　　刷　北京一鑫印务有限责任公司
规　　格　870 毫米 ×1220 毫米　1/32
　　　　　　　6 印张　152 千字
版　　次　2020 年 6 月第 1 版
印　　次　2020 年 6 月第 1 次印刷
书　　号　ISBN 978-7-5474-3512-0
定　　价　178.80 元（全 6 册）

前　言

　　提起史蒂夫·乔布斯，也许还有人不知道他是谁；但提起iPod、iPhone、iPad，我想很少有人会不知道这些电子产品的鼎鼎大名。这三款产品就是乔布斯创立的苹果公司的旗舰产品，它们的出现不仅深深地改变了电子产品市场的格局，而最重要的是它们为我们的生活带来了一场技术与体验的革命，它们超出了我们的想象，让我们不得不惊叹一声——原来还可以是这个样子。而这一奇迹产生的源头与核心，就是史蒂夫·乔布斯！

　　"野心家""造梦者""创新教父""商界贝多芬""产品独裁者""狂暴的老板"等等，人们给乔布斯头上安了许多的标签，既有赞扬也有贬低，但无论是喜欢乔布斯的人还是讨厌乔布斯的人，都会承认乔布斯的大脑是世界上最有创意、最值钱的大脑。乔布斯是一个伟大的梦想家，他的伟大不仅在于他敢于想别人之不敢想，还在于他有惊人的勇气和毅力去实现自己的梦想，做别人所不敢做的事。

　　创立苹果公司，被苹果扫地出门；接手皮克斯公司，把皮克斯打造成顶级动画工作室；重返苹果，把苹果从破产边缘拉回来；开发出iPod，改变了音乐体验模式；推出iPhone，改变了手机产业；推出 iPad，改变了人们的生活方式。乔布斯是一个"斗士"，他的心中永远有着他的梦想，不论在实现梦想的道路上遇到何种困难，乔布斯都不曾退缩。他是一个内心无比强大的人，虽然他面对失败与挫折也曾迷惘过、痛苦过，但他从未迷失自我，他心中的火焰从未熄灭，对梦想的追求从未停止。在乔布斯的词典里，没有"不可能"这个词，他智慧的大脑永远在思考如何实现梦想，如何让科技改变生活。

本书梳理了乔布斯的言行事例，试图对其做出公正的解读，并期望为读者开启一扇智慧之门，提供有价值的行动指导。我们希望读者朋友们在读过本书之后，不仅得到优秀的知识，而且能把这些知识应用到实际生活中去；不仅把书中的内容当作一种行动的指导，也能把读它们当成一种精神追求。因为乔布斯带给我们最有价值的东西，恰恰就是其精神品质，而这才是塑造一个人最重要的东西。

目　录

第一章
活着就是为了改变世界

活着就是为了改变世界，难道还
有其他原因吗？

怀有改变世界的梦想

2011 年 10 月，乔布斯的突然离去，让整个世界都陷入了悲恸，人们惋惜一位天才陨落的同时，也在细数乔布斯给世界带来的改变，这改变真的非常明显：大街上许多年轻人的胸前都别着 iPod 听音乐，iPhone 手机已成为一种象征和潮流，地铁上玩 iPad 的人随处可见……

"活着就是为了改变世界，难道还有其他原因吗？"这是乔布斯最著名的一句话。人来到这个世界上，不能就像一颗流星一样，划过之后痕迹就渐渐淡去。既然来了，总要做点什么，让这个世界记得我们。

乔布斯已经成为一个神话。他被自己亲手创建的公司炒了鱿鱼，12 年后又上演了"王者归来"的好戏，仅用了 10 年的时间，他就让苹果公司市值的增长超过 1500 倍。更重要的是，乔布斯不仅再造了这家公司，还改变了人们的生活方式。就算是那些不阅读商业杂志的消费者，也会津津有味地谈论他的设计品位和苹果独特的营销技巧。乔布斯本人也曾自豪地声称："iPod 帮助全球数以百万计的人们重新点燃了对音乐的热情，我们感到非常荣幸。"

乔布斯的苹果也成为一个神话。它将一款电子产品变成了如同 LV 一样的时尚单品，变成了一种潮流，同时也变成了一种生活方式。对苹果迷们而言，购买苹果产品已经不是一种单纯的消费行为，而是一种类似宗教信仰的膜拜。

再疯狂的传统手机生产商在几年前也不会想到，有人为了能买上即将上市的最新款 iPhone，居然带着帐篷、食物，提前一个星期就在苹果专卖店前排队占位置。

乔布斯重新定义了这个时代。

乔布斯一手将数字消费产品变成了一种时尚、一种生活方式。iPod 开创了在网络商店里购买、下载单曲的新型音乐销售模式；iPhone 是一款革命性产品，开创性地将手指触控用于智能手机；iPad 同样让人惊奇，它不仅是下一代个人电脑的先锋和雏形，更关键的是，它很可能会影响甚至改变出版、媒体、影视等所有大众文化产业。

为何乔布斯能改变世界、影响人们的生活？

曾经就职于苹果广告代理公司的肯·西格尔（他后来为戴尔服务）这样说道："戴尔和苹果的文化截然不同。在戴尔，你要能够应付各种事务及各种数字。有人说苹果的产品不会刻意去迎合市场，一点儿也没错。对苹果而言，唯一要做的就是改变世界。而在其他公司看来，赚钱才是第一位的。"

苹果从不去考虑与别人的兼容问题，也不去在意其他 IT 厂商的先进技术，它要做的就是竭尽全力为用户做好的产品。不计成本地追求完美，这是乔布斯的信念，也正是苹果杰出设计的秘密。

　　简洁易用是苹果设计产品的信条和铁律。为了达到这个目标，一个产品可能经历了无数次的从头来过。苹果每个型号的电脑的电源开关的显示亮度与颜色都是经过精心设计的，就连从外面无法看到的电脑内部线路的排布也是令人赏心悦目的。在最容易被忽视的产品包装上，也能体现出这种苛刻的完美。乔布斯说："我们的理念是，消费者从包装箱中拿出的第一块包装泡沫上，摆放着使用说明书、键盘和其他一些附件；第一块泡沫拿出后，消费者就能看到产品的把手；看到把手后，消费者自然知道接下来该做什么。"

　　这种包装理念最终变成了现在知名的"拆包装程序"，已经被推广到整个 IT 产业的所有零售产品上。这又是一个改变世界的举动。苹果后来推出的极简化的 iPod 和 iPhone 包装就是这种理念的延续。

　　乔布斯坚信科技的使命是帮助人性回归，用来辅助传统世界进一步人性化。无论 iPod、iPhone，还是 iPad，都遵循了这一设计理念，这些产品被设计成不需要用户做出根本性改变就可以方便、舒适地使用的方式。而这种看似简单的方式改变了人们的生活，改变了传统世界。英国曾有人这样评价乔布斯："世界上几乎没有一个媒体交换行业是乔布斯无法进入的。任何人都在猜测他接下来将会做些什么。他影响了每个人的想法。换言之，他影响了世界。"

　　怀有改变世界的梦想。这是一种信仰，一种可以改变人一生的信念，年轻人应该拥有。

我们生来带着使命

天生我材必有用，每个人都是带着使命来到这个世界，这个使命值得我们去为之奋斗一生。如果一个人没有使命、没有内心热爱的驱使，他就只能在人生的旅途上徘徊，永远到达不了更远的地方。而拥有使命的人，则具有非常强的主观能动性，敢于、勇于真心投入而无怨无悔。

1971年，美国大部分高校正在爆发着激烈的校园运动。加州大学伯克利分校内，催泪瓦斯在整个校园弥漫，暴乱的学生们东奔西窜。在一块草坪上的树荫底下，一个长头发、大胡子、身穿蓝色牛仔裤的年轻人，却冷眼旁观着这一切，并对身边同样外表邋遢的朋友史蒂夫·沃兹尼亚克不屑地说道："我们才是真正的革命家。"

说这话的人正是史蒂夫·乔布斯。不过，那时没有人知道，这个长头发的嬉皮士日后竟真成为改变人类生活的"革命家"。乔布斯出生时正赶上20世纪50年代的美国婴儿潮，青少年时期则正值"新左派"运动和"反主流文化"在美国盛行，这对乔布斯产生了深远影响。"新左派"追求的是更为平等的社会新秩序，而嬉皮士则玩世不恭，不愿受到任何拘束，这两股思潮汇集到一起，就是年轻的乔布斯的价值源泉。他想打破旧世界的陈规陋习，建立自己心目中的理想世界。但一个人很难扛过世俗的偏见，在世俗面前，他不得不忍受孤独、寂寞和外界的冷嘲热讽，然而，乔布斯坚持了下来，并且实现了自己的理想，因为他有强烈的使命感。

乔布斯说："我们生来就随身带着一件东西，这件东西指示着我们的渴望、兴趣、热情以及好奇心，这就是使命。"

乔布斯从来都不是一个被动等待的人，他积极主动地去寻找目标和任务，无论处在怎样不利的情况下，他从不被动地去适应，而是主动地去研究所处的环境，倾尽全力做出一些有意义的、至关重要的改变。时任《连线》杂志总编利安得·卡尼这样评价乔布斯："乔布斯不管做什么事情都有一种使命感。与其他充满信仰的人一样，他对自己的工作充满激情，他对工作的专注使他经常对员工大喊大叫。"然而，很多员工都心甘情愿地被他训斥，因为他们能从乔布斯奔放的工作激情中感受到他强烈的使命感。

乔布斯的一生充满坎坷，是使命的力量让乔布斯一路披荆斩棘，铸造辉煌。工作不是为了养家糊口，不是为了排遣时间，不是为了一己私利的生命历程，也不是为了张扬自我，而是为了拥抱使命。这是工作的最高境界。

乔布斯曾这样说道："我的目的并不是作为这个世界上最富有的人死去，而是每天晚上睡觉前想着自己和自己的团队干出了非凡的事业。"当iPod诞生的时候，大多数人都只将其视为一个简单的音乐播放器，可乔布斯却认识到这个产品的价值所在，他在

iPod 发布会上表示："一个小小的改变就可以让世界更加美好。"

　　人有了使命感，即使在做一件别人看起来最微不足道的事情时，也会变得干劲十足，并且认为自己正在做的事非常有意义。这正是乔布斯苛求完美的原因所在。

　　那些心怀大使命的人，总是能够创造出更大的价值，让生命获得更有意义的力量。年轻人如果想成就一番大事业，想获得人生成功，必须确立自己的使命，并在工作中牢牢记住自己的使命，让使命成为未来非凡的力量。

先异想天开，再改变世界

伟大的事业大都起源于一个疯狂的想法，虽然这个想法可能不会被认可，但这是成就伟大事业的第一步。正如乔布斯所说："要想拥有真正伟大的创新或产品，首先要拥有改变世界的野心。"

乔布斯如是说，也是如是做的。

1988 年 10 月，史蒂夫·乔布斯在第一台 NeXT 电脑上市数日之前的一次讲话中说道："我们造出了世界上最优良的电脑。从今以后，所有的电脑都会不一样。"要知道在这之前的很长一段时间，对于人类而言，拥有一台个人电脑就像是天方夜谭。尽管后来的 NeXT 电脑并不太成功，但正因为乔布斯在工作中怀抱着改变世界的野心，才使得他真正地开始改变世界。

一家企业要想成功，在创业之初最好能够得到大量的扶持资金，而乔布斯能够吸引大量投资的关键就是他的这种改变世界的野心具有非凡的感染力。在苹果公司里，乔布斯让他的许多员工都成为苹果的董事会成员，沃兹·尼亚克也是其中一员。对沃兹·尼亚克来说，改变世界并不仅仅是乔布斯的梦想，也是他的梦想。

在中学时，沃兹就曾做过让同学们瞠目结舌的"大事"——让霍姆斯特德中学的校长拎着一个笨重的大包在田径场上奔跑，这个包是校长从带锁的柜橱里搜出来的，里面有嘀嗒作响的声音，校长怀疑是定时炸弹，其实里面装的只是一些砖块和一个闹钟。这事让少年沃兹一举成名。后来，乔布斯从费尔南德斯那里听说过沃兹，这时的沃兹已经能在纸上为高级计算机设计电路板了。乔布斯去到沃兹的实验室，发现了沃兹在计算机设计方面的天赋，于是，他决定开始与之合作。

沃兹发现当时的计算机在调节方面很是复杂，所以他想要设计一种能实现某种特定目标的机械装置，只需按一下按钮，指示灯就会打开，就像用遥控器打开电视机一样简单。当他提出这一想法时，很多人都嗤之以鼻，觉得他简直是痴人说梦。于是沃兹把他的想法告诉乔布斯，乔布斯在听完沃兹的构想后，决定放手让他一试。

最后沃兹成功了，他设计的机械装置果真具有这样的功能。尽管这个装置并没有多么复杂精妙，但它比打入市场的第一台功能相同的计算机装置要早五年。若不是他异想天开的创意，恐怕如今的计算机在装置上还得倒退好几年。

事实上，乔布斯和沃兹·尼亚克在一定程度上是很相似的。他们做事都很专心，也不是团队里的活跃分子。他们可以说是活在自己的世界里，每天都有数不清的奇思妙想，但就是这些奇妙的超乎他人的想法才造就了他们的成功。

现在的年轻人都有自己的梦想，在实现之前，做"白日梦"

对年轻人来说是再正常不过的一件事了。但这不是坏事，有时候人是需要一点异想天开的，你不做梦就不能体会醒来后分析噩梦和美梦的滋味。爱因斯坦说过，"想象力比知识更重要。"因为想象力在一定程度上可以激发人的发散性思维，当然还要保证你的异想天开不脱离实际。

拥抱你的野心

当我们用"有野心"来形容一个人时，往往并不是赞扬，这其实是人们对"野心"的曲解和偏见。有野心是精神力量强大的一种表现，拥有野心会让人非常有劲，这种精神的力量不仅会对自身产生极大的激励作用，同样也会感染他人。想要获得外力的帮助，首先就应该用某种事物打动他人，而精神力量就不失为很好的一种。

乔布斯在准备创办 NeXT 公司时，佩罗无意中在电视里看到乔布斯畅谈 NeXT 美妙前景的场景，乔布斯的目标、理想和干劲一下子把他深深吸引住了。佩罗这样评价乔布斯："乔布斯是我见到过的最不寻常的年轻人，在美国工业界还没有一个年轻人能比得上他。他们已经在写世界上最激动人心的诗篇，我是试图帮助他们完成一些句子……"

可见，精神力量的魅力是非常巨大的。而作为一个领导者，乔布斯的野心不仅成为自己的动力之源，也让他的团队备受鼓舞。

1977 年，还很年轻的 PPT 的发明者坎贝尔在丹佛一家小软件公司当程序设计员，他为苹果电脑写了一个关于基础会计的软件。乔布斯很欣赏这个年轻的电脑高手，便打电话邀请他来加州见面。当时，乔布斯还没什么名气，坎贝尔也没怎么听说过他。因此，在会见乔布斯之前，坎贝尔拜访了多家公司，希望能找到适合自己的职位。坎贝尔拜访的第一家公司是苹果公司的竞争对手泰迪。当坎贝尔问泰迪的高管，他们对个人电脑的未来有什么看法时，泰迪的高管说："我觉得它会成为人们在圣诞节相互赠送的大礼。它简直就是下一个民用波段收音机啊。"民用波段收音机是当时最时尚的产品，泰迪的高管认为电脑也会成为一种时尚。但坎贝尔对这一答案并不感兴趣。接着，坎贝尔又去了其他几家公司，问了同样的问题，但他们的答案都没有打动坎贝尔。最后，坎贝尔见到了乔布斯。乔布斯用他的远见和宏图震撼了坎贝尔。"乔布斯讲的故事太精彩了。他滔滔不绝地讲了一个小时。关于个人电脑如何改变世界，他为我描述了一幅美丽的蓝图。在未来，我们的工作、教育、娱乐等一切都将被个人电脑改变。我想，没有人能抗拒这么美丽的梦想。"于是，坎贝尔当即加入了苹果公司。即使是30多年以后，每当坎贝尔回忆起第一次与乔布斯会面的情景时，他都会兴奋不已。"史蒂夫是一个怀抱着改变世界的野心的人，他能够看到海的那头。"坎贝尔认为这正是乔布斯与其他领导人最为不同之处。

可见，拥有一颗奔腾的野心，高度自我激励，是指导有志之人永远朝成功迈进的重要保障。每个人都渴望成功，都企图成功。你的野心越大，你就越容易成功。所以，年轻人一定要发掘出内心的强烈欲望，让这个世界在你强大的野心下颤抖，不要总是唯唯诺诺、欲说还休。

第二章
听自己内心的声音，做自己想做的事

　　勇敢地去追随自己的心灵和直觉，只有自己的心灵和直觉才知道你自己的真实想法，其他一切都是次要的。

你的心知道方向和希望之所在

　　现在的年轻人中经常会有这样一种现象：费尽心机地想进一些大公司，进国企，考公务员，只为了让自己和家人能够有面子，能在别人面前夸耀。实际上，他们中很多在这些地方做的都是不能体现自身价值的工作，拿的薪水也很微薄。

　　从一定意义上来说，人都是爱好虚荣的，不管自己幸福不幸福，常常只是为了让别人觉得很幸福，忽视了自己内心真正想要的是什么。别人的生活实际上与你无关，不论别人幸福与否都与你无关，而你却将自己的幸福建立在与别人比较的基础之上，或者建立在了别人的眼光中。幸福不是别人说出来的，而是自己感受的，人活着不是为别人，更多的是为自己而活。

　　乔布斯曾经说过："你的时间有限，所以不要为别人而活。不要为教条所限，不要活在别人的观念里。不要让别人的意见左右自己内心的声音。最重要的是，勇敢地去追随自己的心灵和直觉，只有自己的心灵和直觉才知道你自己的真实想法，其他一切都是次要的。"

　　17岁那年，乔布斯考入里德大学，但在一个学期后，他退学了，因为他选择留在大学旁听自己感兴趣的课程。很明显，乔布斯所选择的是自己所爱的课程，他不想被那些在别人看来必须上而自己不喜欢的课程缠绕，他所做的是听从自己的内心，跟随自己的兴趣向前。

据乔布斯自己回忆说："我当时非常害怕，但是现在回头看看，那的确是我有生以来做出的最棒的决定之一。我终于可以不必去选读那些令我提不起丝毫兴趣的课程了，我还可以去旁听那些有意思的课程。"尽管在退学后，乔布斯吃尽苦头，生活的压力也着实让他劳累不堪，但是，能跟随自己的心前进，这依然让乔布斯兴奋不已。

现在的年轻人若把追求外在的成功或者"过得比别人好"作为人生的终极目标，就会陷入物质欲望设下的圈套，时间长了就会变得麻木，忘了自己曾经的梦想，再也听不到自己内心的声音。

这些物质欲望的圈套就像童话里的红舞鞋，让人一眼望去，便对它充满无限的喜爱。不管这双舞鞋是否适合自己的双脚，很多人都会毫不犹豫地将其穿上，感受最令自己兴奋的那一刻，但当这种感觉消散后，留给我们的，只有无尽的空虚。

不要活在别人的生活里

对于现在的年轻人来说，你喜欢做什么，你在哪些方面有天赋，你天生是一个科学家还是一个画家，这些都不是由别人来评定的，它们源于你的内在本质，你的本质是什么，你就应该成为什么样的人。而这一切，都只能靠你自己的内心和直觉来发现。

你的生命只有一次，你不能活在别人的生活里。

对于乔布斯来说，一板一眼地照搬别人的思想是最悲哀的事情。其实每个人都有天赋，都有自己不同的直觉和想法，但是像乔布斯一样敢于坚持和追逐的人却少之又少。

乔布斯是个从小就让兴趣发芽的人。10 岁时，乔布斯对电子学方面的兴趣就明显表现出来了。当时，加利福尼亚州的新兴电子公司如雨后春笋般发展起来。每逢周末，惠普公司和其他电子公司的一些工程师就会在自家的车库做维修。一次，一个工程师送了乔布斯一个碳精话筒。搬到洛斯阿尔托斯市后，乔布斯觉得自己仿佛进入了"天堂"：他随时都能在各处的箱子翻到一两个废弃不用的电子元件，从而拆开来看个究竟，玩上好几个小时。

乔布斯在回忆他到惠普公司打工时的情景时说："我还记得第一天在惠普公司的生产线上打工的情景，我对一位叫克瑞斯的领班说，暑假能在惠普公司打工实在是让我欣喜万分，还告诉他在这个世界上令我最感兴趣的东西，就是电脑。"

后来乔布斯创建了苹果公司，创造了一系列卓越的电子产品，改变了世界。而这一切，除了得益于他对自己兴趣和梦想的坚持和追求，与他对自己和生活有清晰的认识也有很大关系。

乔布斯小时候像大多数孩子一样，会受到身边的大人们的热情的影响。他后来回忆说："住在我周围的大人们大都研究的是很酷的东西，比如太阳能光伏电池和雷达，我对这些东西充满了惊奇，经常向他们问这问那。"这些邻居中对乔布斯影响最深的一个人，就是跟乔布斯家隔了七户人家的拉里·朗。他是超级无线电爱好者、铁杆电子迷，他会经常带一些电子元件给乔布斯玩。乔布斯回忆说："他把一个碳精话筒、一块蓄电池和一个扬声器放在车道上。他让我对着话筒说话，声音就通过扬声器放大出来了。所以我马上跑回家，告诉父亲他错了。"（当时乔布斯的父亲告诉他，话筒一定要有电子放大器才能工作。）

"不对，肯定需要放大器。没有放大器是不可能工作的。"保罗·乔布斯的口气很肯定。当小乔布斯提出异议时，保罗甚至说儿子疯了。乔布斯坚信自己看到的是真的，他不停地对父亲说不是那样的，并请他亲自去看看，最终，保罗跟小乔布斯一起去了邻居家。保罗看后很尴尬，说："我还是赶紧走人吧。"

这件事在乔布斯的心中留下了很深的印象，因为这是他第一次意识到父亲不是万事通。然后，他发现了一件让他更加不安的事情：自己比父母还要聪明。乔布斯一直很仰慕父亲的智慧和才能，他说："他没有受过良好的教育，但我以前一直认为他特别聪明。他不怎么看书，却会做很多事情。机械方面的东西他几乎样样精通。"但是这件事让乔布斯的想法开始动摇了，他意识到自己实际上比父母聪明。

曾有文学家说过，假如你不理直气壮地坚持要求得到真正属于自己的东西，别人就不会帮助你。我们如果总是在花心思讨好别人，就会失去属于自己的灵感，得到的也只是别人的不屑。社会就是这样现实，很多时候，你不敢袒露你的内心、你的想法，别人就会捆绑你的思维，让你再也没有机会说出内心的感觉。

每一个年轻人都应该有强烈的自我价值观，勇敢地追逐自己的心灵，勇敢地保护自己。大多时候我们不是做不成，而是不敢做。很多时候，你只需坚持一下，再坚持一下，胜利就会属于你。

勇敢听从直觉的指示

很多时候我们做决定靠的是一种直觉，而非理性的分析。如果什么都去做分析，那么结果我们可能什么也做不了，或者会失去很多机会。

1985 年夏天，当时乔布斯在苹果公司正处于失势中。一天，他和艾伦·凯（曾在施乐帕克研究中心工作，当时是苹果公司职员）一起散步。凯知道，乔布斯对创意与技术的交融很感兴趣，于是建议他一起去拜访自己的朋友埃德·卡特穆尔。卡特穆尔当时是乔治·卢卡斯电影制片厂电脑部门的负责人。乔布斯他们租了一辆豪华车，驾车前往马林郡，来到了卢卡斯牧场的边上，卡特穆尔及其电脑部门就在这里。"我感到很震撼，回公司以后就试图说服斯卡利把它收购下来。"乔布斯回忆道，"但是管理苹果公司的那帮家伙对此不感兴趣，而且他们正忙着把我赶出去。"

1986 年 1 月，乔布斯和卢卡斯达成了最终协议。协议约定，乔布斯投资 1000 万美元后，可持有该公司（指的是皮克斯公司，即卢卡斯旗下的电脑动画部）70% 的股份，其他股份分配给所有创始员工，包括前台接待。

这看起来有些儿戏的决策，却成就了一个传奇。虽然皮克斯后来陷入了财务危机，乔布斯为此耗费了大量精力，但是皮克斯最终挺了过来，并且创造了电影界的奇迹。皮克斯的作品《锡铁小兵》赢得了 1988 年奥斯卡最佳动画短片奖，这是首部获此殊荣的电脑制作动画短片。

乔布斯在谈到当初购买皮克斯公司的决策时说道："如果我在一开始时知道维持皮克斯公司运营需要多少钱，我怀疑我是否还会购买这家公司。"当初乔布斯购买皮克斯的原因很简单——他被电脑动画打动了。

直觉听起来是一种虚无缥缈的东西，一般情况下，人们还是倡导理性的思维，但是一些有趣的科学实验证明，人的直觉是存在的，而且非常准。

爱荷华大学神经病学权威安托尼奥·达玛西奥做了一项实验：他使用四副扑克，其中两副定义为"损失"，另两副为"获利"。参与测试的人员都有短暂的思考判断时间，每个人身上都装了传感器，以测试皮肤导电反应，这种装置像测谎仪一样。测试者可任意抽取扑克。在"损失"的扑克面前，仪器表明接受测试者的身体发生了反应，表明他们已经预感到了风险，而这种预感是完全出自本能的，如果他采用理性的思维，则会忽略这种预感。但这种预感本身是存在的。当人遭遇伤害之前，会有某种预感存在，但人们往往忽略它。参加达玛西奥游戏的人也都认为，这个游戏完全是概率学问题，而忽视他的本能的预感。尽管这些人的"身体"已经"知道"哪副扑克是不利的，但测试者依旧会抽取不利的扑克。也就是说，人们的正确预感往往被理性洪流淹没了。

　　心理学家认为，真正对决断有作用的，是直觉。这是种难以说出、难以名状的感觉，但没有它，人们任何决定都是做不出来的。研究经理人行为的专家们发现，大多数英明的决定都是来自直觉。这种观点已得到经济学、认知心理学、神经学和其他领域研究的支持。但是直觉不是凭空想象，无论什么样的直觉，都不能离开知识而做出正确的决断，但当做决断时，又远非知识所能及的。直觉的决策，并不是简单的"拍脑门子"决策，不是一时头脑发热的决定，直觉的决定依旧是专业型的决定。

　　年轻人可以不信鬼神，但要相信直觉，这不是迷信。有的时候，你的直觉比你想象的要聪明得多。

做你最喜欢的而不是最赚钱的事

现在的很多年轻人在找工作时都把薪水放在第一位，如果薪水足够高，就算是自己不喜欢不擅长的工作也愿意接受。如此定义自己的职业发展是有偏颇而且不具备长远眼光的。我们工作的目的不仅仅只是为了挣钱，在考虑经济利益的同时，我们还要考虑将来的发展，培养自己的综合素质，体现自身的价值。

在面临此类选择时，乔布斯的经历可以给我们一些启示。

在高中二年级结束的时候，14 岁的乔布斯似乎不再那么喜爱电子产品了，转而喜欢上了游泳，他花了大量时间去参加在芒廷维尤市海豚游泳俱乐部的游泳训练，并参加了水球训练。因为乔布斯觉得运动员更能获得令人瞩目的成功。

但是，乔布斯在这方面的兴趣并没有维持多久，因为他发现自己并不适合在这方面发展，他说："我不是做运动员的料。"从此以后，乔布斯决定不再用世俗的标准来定义成功，他要寻找到能激发他兴趣、能让他全身心投入的事情。最终，乔布斯还是投身于电子世界，去实现自己的梦想。

如果当时乔布斯为了追求所谓的成功，坚持去训练游泳，世界上只会多一个默默无名的游泳运动员，而少了一位可以改变世界的电子产品大师。

乔布斯一直坚信技术的力量，认为最先进的技术一定能带来最多的利益。因此他在苹果的时候，一直致力于开发最先进的电脑技术。掌控"丽莎计划"时，他要求将当时所有最先进的技术都融合到丽莎电脑上去。但是结果证明他错了，市场不认可这款技术先进的电脑，普通消费者没有那么高的高端技术需求，苹果连前期投入的费用都没能收回来。

创办 NeXT 后，"技术第一"的想法仍然在乔布斯脑中占据主导地位，他依旧认为用最优秀的软件配上最优秀的硬件，必能创造出最大的利益。然而，NeXT 电脑的销量也很惨淡。

收购皮克斯后，乔布斯以为，具有强大图像处理功能的 Pixar Image Computer 将在动画和电影制作方面畅销不衰，这种计算机会在未来几年引爆市场。但事实是，1987 年只卖出了不到 100 台的 Pixar lmage Computer，直到 1989 年，也仅仅卖出了 200 台。这与乔布斯的设想差距非常远。

当时对于皮克斯的三个主要负责人卡特穆尔、阿尔韦和拉塞特来说也是痛苦不堪的。这三个人都是动画制作技术领域里的天才，掌握着当时最先进的动画技术，但是，他们对推销一窍不通。虽然他们的电脑当时世界第一，但是无法畅销出去，他们也只想做动画电影，而不是像个纯商人那样谋求利润。所以，乔布斯让他们卖电脑，这实在让他们疲于应付，正如后来乔布斯所说："他们像是在森林里失去方向感的孩童。"

吸取了教训的乔布斯终于认清了现实，他尽可能让他们去做他们擅长的事，并接受卡特穆尔和阿尔韦的建议，让他们制作一个动画短片作为示范，试图借此拉动 Pixar Image Computer 的销售。

事实证明，做自己最适合的事最能获得成功。卡特穆尔等人立即制作了一部动画短片《顽皮的跳跳灯》，结果一炮打响，得到了奥斯卡最佳动画短片奖提名。后来的《锡铁小兵》更是一举夺得小金人。这些动画短片的成功，极大地带动了皮克斯动画软件的销售。

这些成功促使乔布斯在发展方向上做出巨大调整。1989 年，乔布斯裁掉了皮克斯的硬件工程师，关闭区域销售部门，并宣布不再担任皮克斯的首席技术官和董事会主席，而由卡特穆尔接任。

更大的成功还在后面：皮克斯与迪士尼合作的《玩具总动员》，引起了巨大的轰动。

如果不是因为乔布斯转变思路，让卡特穆尔和拉塞特等人去做自己最擅长的工作，而仍是强迫他们去卖 Pixar Image Computer 的话，现在的我们也许看不到如此多的优秀的动画电影。

对于年轻人来说，最想做的工作也许不是最赚钱的，或者说不是眼下最能赚钱的，但能激发年轻人的创造力和生命力，也许在不远的将来就能给你带来最丰厚的回报。而那些你以为最赚钱的事情，也许到最后会证明是毫无价值的。正如"Apple II 之父"沃兹尼亚克那样，他最喜欢电子技术，而他也似乎天生适合做技术工作，从没想着要用技术来发大财，只是默默地做着自己喜欢并擅长的事情。结果苹果上市，他成了千万富翁。

热爱是第一生产力

年轻人想创业是件好事，但首先要明白自己热爱什么，只有热爱的事情才能做好。如果你热爱写文章，反而开了一家饺子馆，就很难获得成功。所以创业前一定要定好目标，否则没有目的地赶路很可能费力不讨好。

有很多人这样问乔布斯："我想开一家公司，我该做什么？"乔布斯没有正面回答，而是向他们提出了几个问题。第一个问题就是："你所热爱的是什么？你开的公司想要做什么？"这些人大都笑道："不知道。"乔布斯给他们的建议是："先去找份工作让自己忙碌起来，直到你找到答案为止。你必须对你自己的想法充满热情，强烈感受到心甘情愿为它冒险的心情，如果你只想拥有一家小公司的话，那就算了吧。"

对于自己热爱什么，乔布斯有很深的理解。

在斯坦福大学做演讲时，乔布斯这样解释道："我很幸运，在年轻的时候就知道了自己喜爱什么。20 岁时，我就和沃兹尼亚克在我父母的车库里开创了苹果计算机公司。我们勤奋努力地工作，只用了 10 年的时间，就将苹果计算机公司从车库里的两个小伙子发展成为拥有 4000 名员工、价值达到 20 亿美元的企业。

而在此前的一年，我们刚刚推出了我们最好的产品 Macintosh 电脑，当时我刚过而立之年。但是，紧接着我就被炒了鱿鱼。一个人怎么可以被他自己所创立的公司解雇呢？情况是这样的，随着苹果计算机公司的成长，我们聘请了一个原本以为很能干的家伙和我一起管理公司。头一年，他干得还不错，我们配合得很默契。但后来，我们对公司未来前景的看法出现了分歧，于是我们之间出现了矛盾。因为公司的董事会站在了他那一边，所以，我被踢出了局。我一下失去了一直贯穿在我整个成年生活中的重心，这个打击是毁灭性的。

"在开始的几个月里，我真的不知道要做些什么。我觉得我让企业界的前辈们失望透了，因为我丢掉了传到我手上的指挥棒。我遇到了戴维·帕卡德和鲍勃·诺伊斯，我向他们道歉，因为是我把事情搞砸了。我成了人人皆知的失败者，我甚至想到过逃离硅谷。但曙光又渐渐出现了，我发现我还是热爱我做过的事情。在苹果公司发生的一切丝毫没有改变我，一个比特（bit）都没有。虽然我被抛弃了，但我热爱的事业没有改变。我决定重新开始。

"我当时没有看出来，但后来的事实证明，被苹果炒鱿鱼是我这一生所经历过的最棒的事情。我丢掉了成功的沉重包袱，感觉有如凤凰涅槃般轻盈。因为每件事情都不再那么确定，我以自由之躯进入了我整个生命当中最具创意的时期。

"在接下来的五年里，我创办了一家叫作 NeXT 的公司，接着收购了一家名为 Pixar（皮克斯）的公司，并且结识了一位名叫劳伦的曼妙女郎，她后来成为我的妻子。皮克斯制作了世界上第一部全电脑动画电影《玩具总动员》，如今这家公司是世界上最成功的动画制作公司之一。后来苹果公司买下了 NeXT，我又重新回到了苹果，我们在 NeXT 研发出的技术成为推动苹果复兴的核心动力。我和劳伦也拥有了美满幸福的家庭。我非常肯定，如果当年没有被苹果公司炒掉，这一切都不会发生。对于病人来说，良药总是苦口。生活有时就像一块砖头拍中你的脑袋，但不要丧失信心。

"热爱我所从事的工作，这是一直以来支持我不断前进的唯一理由。你得找出你的最爱，只有从事你认为具有非凡意义的工作，才能给你带来真正的满足感。而从事一份伟大工作的唯一方法，就是去热爱这份工作。如果你到现在还没有找到这样一份工作，那就继续寻找。不要安于现状，当万事了然于心之时，你就会知道何时能找到。就像任何伟大的爱情一样，伟大的工作只会在岁月酝酿中越陈越香。因此，在你终有所获之前，不要停下你寻觅的脚步。"

乔布斯是幸福的，他毕生都在从事自己热爱的工作，但这幸福是他努力追求来的，他的职业生涯从来没有偏离轨道，即使被自己亲手创办的公司踢出家门的时候也是。

年轻人如果仅仅是为工作而工作，那么在工作的过程中，就不会感受到工作带来的成就感，也就不可能把全部的心思放在工作中，承受挫折的能力也会降低。只有对自己所从事的事业充满热爱，才会保持长久的工作热情和激情，这也是人生与事业成功的先决条件。

第三章
成功没有捷径，只有最大限度地发挥你的才智

对于还处于困境中的年轻人来说，不要埋怨生活，不要抱怨命运，在总结不成功的原因时，你是否问了自己一句：你尽了最大努力了吗？

成功者不一定都需要杰出的环境

在每个人的成长历程中，环境是一个很重要的因素，但不是决定因素。影响一个人能否成功的重要因素绝不是环境，而是他对这一环境持什么态度。从小生长在优越的环境中可能会让人不思进取，玩物丧志，而从小经受困境的磨炼，则可能让人在成功之路上走得更快、更远。

乔布斯的生长环境极其普通，甚至有点艰难。这也导致乔布斯很早熟，他总是显得与同龄人有些格格不入，他的一个老师回忆说："他有点不合群，看事物的方式与众不同。"

由于学习成绩出众，小学四年级时，乔布斯的老师建议他跳过五年级直接进入这个学校的初中学习，但乔布斯的父母不同意这样做，而是让他提前进入了克里滕登中学学习，但是克里滕登中学并没有给小乔布斯做针对性的安排。

乔布斯的养父保罗这时也辞去了回收欠债的工作，开始从事房地产销售，这是因为当时他们居住的芒廷维尤市经济日益发达，房地产行业正在兴盛。但是由于保罗的个性比较强硬，不会讨好客户，所以他无法成为一个成功的房地产经纪人。就这样，乔布斯一家的生活一下子紧张起来，直到保罗又干回老本行机械师的工作后才有所好转。

但是，乔布斯所在的克里滕登中学是一所风气非常不好的学校，在那里就读的孩子大都来自附近社区最贫困的家庭，孩子们来自不同的种族，各种族的孩子经常会聚众打架，警察经常被迫去平息这种"战争"。在这种情况下，乔布斯的天赋被混乱和骚动淹没。他渐渐变得郁郁寡欢。后来，11 岁的乔布斯告诉父母自己不愿意再回到克里滕登中学读七年级，他们必须搬到别的地方去。经过商量后，乔布斯夫妇接受了这一现实，因为他们担心这样下去小乔布斯就会变成不良少年。对于这件事，保罗·乔布斯后来回忆道："他说他实在不想去了（回那所学校上学），因此我们只好搬家。"

最后，乔布斯一家向南迁移了几千米，搬到了洛斯阿尔托斯市居住。

相比于很多同龄人，乔布斯可谓是出身惨淡，但是他没有受制于环境，所取得的成就也没有多少人可以比肩。《财富》杂志2010 年评出了全球科技市场最聪明的 50 位高管，"苹果之父"乔布斯位列第一。

人生有无数种开始，同样也有无数种结局。有人说，我之所以不能成功，是因为家境不好，父母没有能力送我上好的大学，没有钱给我做创业的资本；也有人说是因为年纪太轻，没有人帮助，没有人赏识；还有人说是因为命运多舛，屡受坎坷，运气不好，所以，我没能成功，不是因为我不努力。

　　其实人生中没有能不能，只有要不要；只要你一定要，你就一定能成功。正如乔布斯所说："成功者不一定都需要杰出的环境。"年轻人如果甘于失败、甘于平庸，你就会发现，借口有很多，也很容易找。

先做正确的事，再正确地做事

做正确的事和正确地做事可以说是获得成功的必经之路。做正确的事强调的是在做事之前要先做出选择，要有一个正确可行的目标和方向，这样能确保我们做的工作是"有用功"。正确地做事则是强调做事时使用正确的方法，这样可以达到事半功倍的效果。

1998 年，乔布斯推出的 iMac 电脑没有安装当时被视为标准配置的内置软驱，只装了一个 CD 存储驱动器。乔布斯认为软驱已经过时，互联网时代肯定会出现能够让人们更快地存储和传送数据的方式。虽然现在的我们几乎已经忘了软驱为何物，但是在当时，不配备软驱可是一个胆大妄为的行为。媒体和顾客纷纷对苹果表示强烈抗议，一些所谓的专家也分析说，缺少软驱是苹果一个致命的错误，并且这一错误会让 iMac 注定失败。

乔布斯对此发表了一个针锋相对、言辞激烈的批驳："走着瞧吧！你应该做正确的事。就拿软驱来说，人们就是脑袋不清楚，谁会把 4GB 的硬盘资料备份到 1MB 的磁盘上？"无论外界怎样质疑，乔布斯毫不动摇，在他看来软驱必将成为"过去时"。

　　乔布斯正是因为看到了未来电脑的方向，于是果断地抛弃了软驱，并使用 USB 接口，为 iMac 增加了超前的理念。实际上，做正确的事并非轻而易举，有时还很艰难，但做正确的事始终都是正确的。

　　在计算机方面，乔布斯的梦想很清晰，那就是推出一款具有革命性意义的先进计算机，他收购皮克斯就是基于这个梦想。

　　乔布斯初次来到皮克斯工作室时，其前任老板卢卡斯为他演示了 Pixar Image Computer 的动画制作系统，并详细地向他解释了这套动画制作软件的工作原理和流程，包括如何在计算机上生成一幅生动逼真的图像和一个动画短片。这种具有强大图像处理能力的计算机立刻吸引住了乔布斯，他的直觉告诉他，这台具有革命性意义的计算机必将引领专业图像处理计算机的潮流，他当即就决定收购皮克斯。

　　可惜此后的 10 多年，因为与皮克斯两位负责人在战略发展上存有分歧，所以皮克斯基本上都处于亏损状态。乔布斯希望研制出具有超强图像处理能力的先进计算机，然后推向市场；而皮克斯的两位负责人只是把计算机当成制作动画的工具。但无论皮克斯怎样艰难，出于对自己直觉的信任，乔布斯都没有将皮克斯卖掉，直到后来皮克斯引发了动画电影的革命。

　　现在看来，乔布斯收购皮克斯是做正确的事，他的第一步是成功的；但接下来他没有正确地做事，所以一直赔钱。好在乔布斯修正了自己的错误，事情也随之发生了革命性的变化，一件伟大的事情发生了。

磨刀不误砍柴工，做正确的事是正确地做事的前提，而正确地做事是为了提高工作效率，这两个步骤紧密相连，缺一不可。年轻人如果想取得成功，不妨将这两个步骤当成做任何事之前考虑的准则。

尽最大努力去做，生活将给你惊人的回报

生活永远都不会一帆风顺，人生不如意十有八九，但是大部分人在不如意后都只会不停地抱怨，哀叹生活的不公平、厚此薄彼，其实，这时每个人最应该问问自己："我尽了最大努力了吗？"

乔布斯被苹果驱逐后也有一段时间十分迷茫和沮丧，他曾打电话给美国航天航空局，希望他们能把自己扔到"挑战者号"飞船上去；他还去了苏联，想在那里开设一所电脑学校；他甚至跑到法国的南部，试图以"孤独的艺术家"的身份申请移民。

12年后，当乔布斯再次回归苹果的时候，一系列电子消费品成功上市，iPod、iPhone等产品以一种狂暴的姿态迅速占领市场，苹果再次引领了世界的潮流。2003年，乔布斯接受《滚石》音乐杂志的采访时骄傲地说："我所遇见过的所有的艺人，几乎每个人都拥有一个iPod，几乎所有唱片公司的老板也都拥有一个iPod。"

这一切都是对乔布斯努力的奖赏，他受之无愧。在此之前，苹果公司也曾经推出过几款消费电子类产品，如Newton、Pippin等，可最后皆以失败而告终。也正因为如此，乔布斯对iPod倾尽了心血，他不但对研发人员要求严格，对自己的要求更是严格。

iPod 的首席设计师罗宾这样回忆道："当时，为给第一代 iPod 编写用户界面，每天晚上，乔布斯都要和我们从九点一直做到深夜一点。"

所有参与 iPod 研发的人，不管他们喜欢还是讨厌乔布斯，都无法否认乔布斯的巨大付出。为了让 iPod 更加完美，工作几乎占据了乔布斯的全部生活，而且在乔布斯的带动下，苹果员工都加班加点地工作。即使在许多人看来 iPod 已经够完美了，乔布斯的要求依旧苛刻。乔布斯说："我们都希望随身携带全部的音乐数据库。这是个非常艰辛的工作，因为我们需要这个产品，所以我们要卖命工作。"

为了让 iPod 外观看起来更有艺术感，乔布斯苦思冥想，决定在 iPod 白色的外壳上再增加一层透明的塑料。但当时没有现在的技术，研发团队不得不四处寻找，耗费了大量精力。

但乔布斯坚持要求这样做，他说："高标准严格要求自己，把注意力集中在那些将会改变一切的细节上。想变得卓越并不困难，从现在开始，尽自己的最大能力去做，你会发现生活将给你惊人的回报。"

回报的确是惊人的。iPod 面市伊始，就引爆了购买风潮。2002 年，iPod 卖出了 160 万台；到 2004 年，iPod 在全球的销售额已突破 45 亿美元。iPod 的影响力远远超过了苹果计算机，它成了一种文化和身份的象征。

2003 年，在接受《财富》杂志的采访时，乔布斯坦言："有段时间非常艰难。因为各种原因，许多人并不接受麦金塔电脑，他们选择了 Windows。我们卖力地工作，但并没有起色。有时不禁会怀疑自己错了，或许我们的东西不够好，或许是人们并不在乎，这令人更加沮丧。但通过 iPod，我们从操作系统的玻璃天花板底下走出来了。iPod 占领了 70％的市场份额。在经历了这么多年的艰辛劳动后，很难告诉你 iPod 的成功对我们有多重要。这如同一针强心剂！"

乔布斯几乎以一己之力改变了电脑、音乐、手机、动画甚至零售业，在过去的数十年里，苹果公司的股票涨了大约五倍。2006 年，乔布斯以 74 亿美元将皮克斯出售给迪士尼时，投资回报高达 1500 倍！乔布斯能有如此辉煌的成就是他努力的结果，每一个细节他都要尽善尽美。"天不负人"，你付出多少，便会得到多少。

对于还处于困境中的年轻人来说，不要埋怨生活，不要抱怨命运，在总结不成功的原因时，请问问自己："我尽了最大努力了吗？"不要怀疑自己的能力，只要尽最大的努力去做，生活就会给你最丰厚的回报！

吊足胃口，做令人期待的事

我们经常会遇到这样的事：当我们认真地做好一件事情或一个东西，满心欢喜地展示给大家时，发现大家都表现得毫无兴趣，这令我们非常泄气甚至是沮丧。而有的人做得很一般，还不如我们，但是因为他作好了铺垫，吊足了大家的胃口，效果反而会好很多。

现在已经不是"酒香不怕巷子深"的年代了，再好的东西也需要推销。

1998 年 5 月，苹果电脑的市场占有率曾降至 4% 以下，这个数字实在令人担忧。为了扩大市场份额，苹果公司大张旗鼓地推出了一款充满创意的一体机——全新 iMac。它有着令人心醉的造型设计和让人振奋的强大功能，这款电脑从根本上改变了以往人与电脑间呆板的关系。它像绽放的鲜花一样点缀了人们的书桌和电脑桌，使人们的数码生活更加明亮而精彩。

当乔布斯在发布会上向人们展示这款划时代的半透明的全新 iMac 时，他重点介绍了推出这一新款的原因，并且告诉媒体和所有人，苹果的目标市场和受益客户将会从这款全新的产品中体验到苹果的电脑技术已经完全成熟。

　　乔布斯对着听众们说："但我们仍然致力于满足客户的需求。排在第一位的消费需求告诉我们，消费者想要一款连接互联网时操作更加简单快捷的计算机。我们还针对教育领域设计出一款产品，如果客户购买这款产品，将能更有针对性地进行教学指导，在大多数的教学场合，这款机器堪称完美。我们走出去调查消费者所能接触到的所有产品，它们都摆放在那里。我们注意到这些产品有些共同点：首先，它们的速度都非常缓慢，它们使用的都是上一年的处理器。其次，它们的显示器都显得相当寒酸土气，就像无法联网的老机器。陈旧的输入和输出装置，这意味着性能较低，且使用起来极为不便，所有这些东西都丑陋至极，不值得消费者拥有！因此，下面让我给你介绍 iMac。"

　　乔布斯用他惯用的方式，在听众心里树立起了一个反面角色——市面上所有老旧的速度缓慢的电脑，然后推出了他的英雄——苹果公司为了摆脱颓势而推出的一体机 iMac。在对市场已有产品的缺陷进行一番阐述后，乔布斯提醒他的听众注意一张他亲手绘制的线路图，乔布斯开始详细地解释上面所列出的特点。他通过魅力十足并且幽默的讲解，让观众们了解到新的 iMac 电脑运动速度飞快。有多快呢？乔布斯这样形容："它快到让人尖叫！"它有个"时尚靓丽、美轮美奂"的 15 英寸的显示屏，而且内存大得惊人，先进的设备组件使得学生和家庭用户访问网络更容易。"这款电脑拥有世界上最先进的操作系统和软件，内在与外表同样出色。"乔布斯声称。

　　在吊足了大家的胃口，让大家对 iMac 都充满好奇和期待之后，乔布斯紧接着上演的是经典的"激情一刻"：他走到舞台的中心，将新款电脑的外罩扯下，让观众亲自接触这个被他称赞得如同梦幻的产品。

乔布斯几乎在每一款产品的发布会上都会采用这种形式，屡试不爽。在对自己产品充满信心的同时再让消费者充满好奇心，这种营销策略永远都不会过时。

在 iPhone 即将发布的时候，乔布斯决定按照以前的习惯，让某家杂志独家参与发布会预演。他想把这个独家报道的机会给《时代》杂志，于是他通过电话联系到时代集团总编约翰·休伊，开始鼓吹新产品。"这是我们做过的最好的东西。"他说道，"但是《时代》杂志的人都不够聪明，不配写，于是我打算给别人。"休伊赶忙向乔布斯推荐了列夫·格罗斯曼，他是《时代》杂志一位悟性高、精通文字的作家。事实证明格罗斯曼确实足够聪明，他在独家报道中一针见血地指出，"iPhone 并没有真正发明许多新功能，而只是让这些功能实用了很多。但这很重要。如果工具不顺手，我们往往会觉得是自己太傻，没有阅读使用手册，或者手指太肥……如果工具很糟，我们会觉得自己也很逊。如果有人改进了工具，我们会觉得自己也完美了点儿。"这样一段文字比天花乱坠的吹捧更能吊起大众的胃口。

2007 年 1 月，iPhone 在旧金山 Macworld 大会亮相。就像之前发布 iMac 电脑时一样，乔布斯请来了安迪·赫茨菲尔德、比尔·阿特金森、史蒂夫·沃兹尼亚克，以及 1984 年首款麦金塔的研发团队。

"每隔一段时间，就会出现一个能够改变一切的革命性产品。"乔布斯开场说道，然后他举出了两个较早的例子，都是苹果的产品——"改变了整个计算机行业"的麦金塔和"改变了整个音乐产业"的iPod。接下来，他引出自己即将推出的新产品。"今天，我们将推出三款这一水准的革命性产品。第一个是宽屏触控式iPod，第二个是一款革命性的手机，第三个是突破性的互联网通信设备。"为了强调，他将这番话又重复了一遍。然后他问道："你们明白了吗？这不是三台独立的设备，而是一台设备，我们称它为iPhone。"

2007年6月底，iPhone上市销售，乔布斯和妻子劳伦前往位于帕洛奥图的苹果专卖店，感受人们的兴奋。由于乔布斯经常在新产品开始销售的第一天去专卖店里，所以一些有经验的"果粉"已经等在专卖店里期待他的到来，粉丝们跟乔布斯打招呼，就好像他们恰好碰到摩西去买《圣经》一样。赫茨菲尔德和阿特金森也出现在忠实粉丝中间。"比尔排了一晚上的队。"赫茨菲尔德说。乔布斯挥了挥手臂，笑着说："我送了他一部。"赫茨菲尔德回答："他要六个。"

"是金子就会发光"这句话没有错，年轻人如果有能力，迟早会有所成就。但是金子如果在发光之前先做一个诸如"你们见过石头发光吗？"的广告，吊起大家的胃口，当大家都想来看石头时，却发现是一块金子，那种效果远比人们直接来看一块金子更能深入人心。

第四章
知识就是财富，与苏格拉底相处一个下午

学习哲学可以让我们对自己的生活和世界有更深刻的理解，眼睛变得更锐利，在做事情时抓住本质。

真理无价

苏格拉底是一位备受世人尊敬的大哲学家，他相貌平平、身材低矮、体态臃肿、秃顶圆脸，还有一个肥大的酒糟鼻，但是苏格拉底从来不为自己的形象感到自卑，他清楚自己的人生使命和价值。

苏格拉底常跟自己的学生说："认识自己，才能认识人生。"在他看来，善和恶绝不是一种强加于人的理念，而是内在于人的灵魂深处的东西。认识自己就是认识自己的理性，照顾自己的灵魂，而这种自我认识是通过不断自我反省或者"回忆"来进行的。

乔布斯对于苏格拉底的哲学理念非常痴迷，甚至说："我愿意拿我所有的科技去换取和苏格拉底相处的一个下午。"苏格拉底是一个特立独行的人，无论酷暑严寒，他总是穿着一件单衣，经常不穿鞋，对吃饭也不讲究。乔布斯则总是穿一双跑步鞋、一件套头的深色绒衣、一条磨旧了的蓝色牛仔裤，满脸都是黑白相间的胡子茬儿。即使是非常重要的商业活动，乔布斯也是这一身装束。

乔布斯的优点和缺点都非常明显，一方面，他是天才，能言善辩，思维敏锐；另一方面，他则是冷酷、孤僻、暴躁、固执的"独裁者"。他这种性格的形成与他小时候的经历有很大关系。

乔布斯很早就知道了自己是被领养的，他的养父母对这件事没有隐瞒。在他还只有六七岁的时候，他坐在自家屋前的草地上，向住在街对面的女孩讲述起这件事情。那女孩问："这是不是说明你的亲生父母不要你了？""天哪，我当时就像被闪电击中了一样，"乔布斯后来回忆说，"我跑回家，大声哭喊。我父母说：'不是这样的，你要理解这件事情。'他们当时很严肃，直直地看着我的眼睛。他们说：'我们是专门挑的你。'他们两人都这么说，并且放慢语速向我重复这句话。他们强调了这句话里的每一个字。"

被抛弃总不是一件幸福的事情，这道伤口即使结痂了也还有疤。跟乔布斯共事了很多年的德尔·约克姆说："我想，他想完全掌控自己制造的每一样东西的那种强烈欲望，就来源于他的性格以及刚出生就被抛弃这件事。""他想控制外界环境，而且他把产品看作自己的一种延伸。"大学毕业后跟乔布斯关系什么密切的格雷格·卡尔霍恩说，"史蒂夫跟我讲了很多有关他被亲生父母遗弃及其造成的伤害的事，这形成了他独立的性格。他遵循着另外一套行为方式，这是因为他生活在自己的小世界里，那是一个与他的生长环境截然不同的世界。"

由于内心世界的痛苦和困惑，乔布斯迷恋上了宗教和哲学，期望从中找出自己心中的疑问。当他读到有关苏格拉底的哲学理论时，立刻被吸引了，他潜心钻研，获益良多。不论是生活还是工作，苏格拉底的理论都对乔布斯产生了极大影响。所以乔布斯不在乎别人或外界对自己的评价，我行我素，特立独行，即使被外界批评为不做慈善、最吝啬的 CEO，他也毫不在意。这些行为背后都有苏格拉底的影子。

哲学渐渐地成为乔布斯生活中重要的一部分，并且他钻研得越深，越感到不满足，他说："我希望活得深刻，并汲取生命中所有的精华，然后从中学习，以免让我在生命终结之时，却发现自己从来没有活过。"

现在的年轻人总会觉得哲学只是一门理论学问，学起来很枯燥，对实际生活产生不了什么大的影响，没有必要花时间和精力去学习。其实不是这样的，哲学关注的都是事物发展的最根本的规律，与我们的生活息息相关，学习哲学可以让我们对自己的生活和世界有更深刻的理解，眼睛变得更锐利，在做事情时抓住本质。这对年轻人未来的发展非常有帮助。

再多做一件事

拿破仑有句名言："我的勤奋和我的荣誉，在我死后仍将足以鼓舞千秋万代的青年。"拿破仑的优秀品质有很多，比如勇敢、刚毅、灵活，但他将"勤奋"与他所获得的巨大荣誉并列，可见在他心中，"勤奋"是他获得荣誉的最大保证，也是后代的青年最应该学习的东西。

现在人们一贯以"商业奇才"来称赞乔布斯，但是乔布斯能改变世界，完全是他勤学苦练的结果。他即使在功成名就后，依然勤奋有加，甚至在患病期间也没有停止过工作，经常在凌晨回复很多用户的邮件。

乔布斯在为别人签名的时候，常常会多写一句"再多做一件事（One more thing）"作为鼓励，这同时也反映出"勤奋"是乔布斯最看重的一项品质。乔布斯在每年的 Macworld 大会上都要做一次主题演讲，他的演讲非常具有煽动性，总是能让台下的苹果迷们为之疯狂尖叫。因此，人们也称他的演讲为"魔力演讲"。乔布斯的确口才出众，能言善辩，教过他的老师可以做证，但是他精彩绝伦的演讲可不是单靠口才的即兴发挥，完全是他经过后天日积月累的勤学苦练才取得的成果。

不可否认的是，乔布斯天生很有表演天赋，极具舞台表现力。但是他并不满足于仅仅有天赋，这些年来，他一直在追求自身演讲风格的转变和改进。追求完美的性格，让他近乎苛刻地修改着每一张幻灯片，可以说演讲中的每一处细节他都不会放过，都要重复预演很多遍。

乔布斯的每一场演讲都是一个故事，每一张幻灯片都是一幕场景。所有观众都可以从乔布斯演讲的每一个细节中，看到他的精心准备，看到他的认真与努力。乔布斯近乎残酷的勤奋化作他在演讲台上的完美展现，当你看到那种激动人心的演讲场面时，你会毫不奇怪世界是怎样被乔布斯改变的。

演讲只是展现乔布斯勤奋的一个小方面，在其他方面他同样也勤学苦练。他经常与撰稿人、工业设计师和音乐家们待在一起，或许他不太在乎用户需求，但他会非常勤奋地工作，争取走在消费者的前面，进而生产出让消费者心甘情愿购买的"革命性"产品。

想要取得伟大的成就，天赋和勤奋缺一不可。如果没有天赋只有勤奋，至少可以让人小有所成，而没有勤奋只有天赋，则会让人一事无成。古今中外所有做出重大成就的人都是非常努力用功的人，无一例外。所以，对于年轻人来说，勤奋是最重要的品质，是走向成功的保证和前提。

将哲学运用到生活中

西塞罗曾经这样评价苏格拉底："他把哲学从高山仰止高高在上的学科变得与人的生活休戚相关。"哲学本就是一门探寻事物发展基本规律的学科，而这些规律正是生活的本质，真正有价值的哲学理论都是来源于生活，同样也能运用于生活。乔布斯作为苏格拉底的拥趸，他的生活受哲学的影响很深。

Apple II 的成功让沃兹尼亚克成了苹果计算机公司的英雄，人们对他非常推崇，称他为"Apple II 之父"，而乔布斯显然被冷落了。毕竟沃兹尼亚克拥有技术，如果一个公司拥有了像沃兹尼亚克这样的天才，那么就等于拥有了技术最先进的产品，相比较之下，乔布斯的设计就显得有点无足轻重了。

如此鲜明的厚此薄彼让年轻气盛的乔布斯心理有些失衡，甚至对沃兹生出了嫉妒之心，每当听到人们称赞沃兹时，乔布斯就会感到心里不舒服。他觉得自己的地位不稳，受到了某种威胁。而当时苹果公司的结构也确实容易让乔布斯感到不安：CEO 斯科特负责公司的日常运营，马库拉负责把握公司的战略方向，沃兹尼亚克负责技术方面的问题，而作为创始人的乔布斯却没有明确的定位，以至于员工们都认为马库拉或者斯科特是老板，乔布斯则像个游离于体制之外的人，大家完全不知道他是干吗的。就像苹果公司早期的软件开发专家布鲁斯描述的："马库拉从来不让乔布斯拥有任何权力，没有人知道乔布斯整天在做什么。他只是偶尔出现在公司，他所做的唯一的事情就是向员工发表长篇激烈的、发泄不满的演讲。"

这种价值得不到体现，自己可有可无的状况让乔布斯非常不满，他的脾气变得越发暴躁，他想要超越别人，掌控一切，得到比其他人更多的赞美和崇拜。1980 年 12 月 12 日，苹果计算机公司上市，它的股票以 22 美元开盘，一天之内，总计 460 万份公开股被人们抢购一空，当天苹果股价以 29 美元收盘，苹果计算机公司的市值达到了 17.78 亿美元。作为公司最大的股东，乔布斯的身家一下超过了两亿美元，只有 27 岁的他成为当时最年轻的亿万富翁，瞬间他就成了媒体的宠儿，各大杂志争相采访他，将他的照片放到杂志的封面上。

金钱、掌声和荣誉，乔布斯都获得了，但兴奋了一段时间后，乔布斯发现这些东西跟体现价值没有太多的关系。很快他就厌倦了财富带给他的冲击力，他不愿意只用财富来彰显自己，他像苏格拉底那样不断在心中问自己，难道这就是我的人生价值所在吗？难道只有财富和荣誉才能证明自己吗？得到自己否定的答案后，乔布斯开始调整自己的心态，不再那么在乎财富和外界的评价，而是决定用智慧和完美的产品来体现自己的人生价值。

在乔布斯为杂志所拍的封面照片中，其中有一张他最为喜欢。这张照片是由美国摄影师戴安娜·沃克尔拍摄的，拍摄时间是 1982 年。那时乔布斯刚刚登上《时代》杂志封面，照片上的乔布斯盘腿独坐在一个房间里，旁边放着一杯茶、一盏灯和一台音响。乔布斯为这张照片题了词："这是一个经典时刻。我独自一个人，所需要的不过是一杯茶、一盏灯和一台音响。你知道，这就是我的全部。"

虽然在 27 岁就拥有了巨额的财富，但在哲学的指引下，乔布斯没有彷徨多久，很快就寻回了内心的宁静。这就是哲学的意义所在，也是年轻人学习哲学的意义所在。

你需要有一些信仰

　　现在的年轻人很少有人有信仰，或者换一种说法就是，现在的年轻人很多都把自己当成信仰。信仰并不是迷信，而是对一些伟大智慧的聆听和学习。领悟了这些智慧，会对这个世界和自己有更清晰的认识，对以后的人生之路大有裨益。

　　乔布斯对西方哲学、东方精神、印度教、佛教禅宗以及探寻个人启蒙都有浓厚的兴趣，这不是心血来潮，而是贯穿了他的一生。他年轻时曾去印度待了七个月，回到美国之后就养成了冥想的习惯，每当产品设计陷入困境的时候，他就会在办公室的静室里冥想。他在苹果体现出的各种天才，包括慧眼独具的战略决策思考、艺术唯美的产品设计，多少都有一些他此前参禅悟道的影子。除此之外，他还是个素食主义者。乔布斯曾这样描述斋戒和节食："几天以后，你就会感觉棒极了，一周之后，你简直会感到神妙无比，因为不必把体力花在消化食物上，所以你会感到活力无穷。当时我的体能可以说是处在最佳状况，随时都可以爬起来，走到旧金山去。"

　　多年以后，乔布斯坐在自家的花园中，回想起了印度之行以及禅修对他的影响："我回到美国之后感受到的文化冲击，比我去印度时感受到的还要强烈。印度乡间的人与我们不同，我们运用思维，而他们更信赖直觉，他们的直觉比世界上其他地方的人要发达得多。直觉是非常强大的，在我看来比思维更加强大。直觉对我的工作有很大的影响。

"西方的理性思维并不是人类先天就具有的，而是通过学习获得的，它是西方文明的一项伟大成就。而在印度的村子里，人们从未学习过理性思维。他们学习的是其他东西，在某些方面与理性思维同样有价值，那就是直观和经验智慧的力量。

"在印度的村庄待了七个月后再回到美国，我看到了西方世界的疯狂以及理性思维的局限。如果你坐下来静静观察，你会发现自己的心灵有多焦躁。如果你想平静下来，那情况只会更糟，但是时间久了之后总会平静下来，心里就会有空间让你聆听更加微妙的东西——这时候你的直觉就开始发展，你看事情会更加透彻，也更能感受现实的环境。你的心灵逐渐平静下来，你的视野会极大地延伸。你能看到之前看不到的东西。这是一种修行，你必须不断练习。

"禅对我的生活一直有很深的影响。我曾经想过要去日本，到永平寺修行，但我的精神导师要我留在这儿。他说那里有的东西这里都有，他说得没错。我从禅中学到的真理就是，如果你愿意跋山涉水去见一个导师的话，往往你的身边就会出现一位。"

好的信仰对一个人的思想和行为能起到至关重要的作用，它能让我们的思想纯净、清透。而这种纯净、清透的思想会指引或者影响我们的行动，让我们获得平和、愉悦和满足。从乔布斯的经历我们就能知道，信仰对一个人的成功有很大的促进作用。年轻人应该拥有自己的信仰，不要总认为自己懂所有的道理，其实等到我们通过学习让自己的智慧到达一个更高的层次后再回头看以前，就会发现从前的自己是那么愚蠢。

暂时的隐忍是为了最后的自由

人生是一场非常复杂的戏，谁都不能用一种调子唱下来，有时候热血一搏能取得非常好的效果，而有时候明知是石头还要拿鸡蛋去磕，就是拿自己的命运开玩笑。隐忍不是懦弱，而是为了等待最佳的出手时机。

1991 年，虽然晚了几年，迪士尼终于看到了计算机动画在未来的发展趋势，他们决定与拥有先进计算机动画技术的皮克斯合作，进行一次大胆尝试，制作一部计算机动画电影。迪士尼邀请乔布斯就合作的具体方式进行商谈。

乔布斯对这次合作非常期待，一是因为他知道动画电影市场是一个利润丰厚的领域，一部成功的电影动辄带来上亿美元的收入，相比之下，卖动画软件收入的钱连投入的成本都收不回来，如果能制作一部成功的动画电影，就有望借此打一场漂亮的翻身仗；二是因为迪士尼是一个老牌动画霸主，有强大的电影发行渠道，这无疑是为这个大胆的尝试上了保险。

皮克斯当时虽然拥有计算机动画制作领域最好的技术和一流的动画电影创作人，但仍不过是一个只有技术的小公司，不论是在资金还是在经验方面都与迪士尼无法相提并论。因此迪士尼在谈判中底气十足,十分霸道。

面对这样的情况,已经经历过几次打击的乔布斯将自己的暴脾气压了下来,选择忍气吞声,因为他需要迪士尼来为这部动画电影注资,并且,他并不清楚动画电影制作的详细过程,更不知道怎样进行成本预算,所以,他没有多少发言权。

最终,双方签订的合作协议是这样的:迪士尼对这部动画电影的制作、营销和发行进行投资,皮克斯负责这部动画电影的创作,在创作的过程中,迪士尼可以提出自己的建议。皮克斯可以拿到10%—15%的分成,拥有为片子开发软件的所有权。另外,迪士尼还附加了两个苛刻的条件:一是在整个电影制作的过程中,必须由拉塞特(《玩具总动员》导演)担任动画设计师职务,如果他中途离开,那么合作也将终止。二是迪士尼拥有影片的版权,这意味着它有权不让皮克斯独立开发电影的续集,且销售音像制品的利润全归迪士尼。它还拥有销售和这部影片有关的,诸如玩具、文具和装饰品等产品的权利,且销售收入全部归迪士尼所有。很明显这是一份城下之盟,活由皮克斯干,最后迪士尼吃肉皮克斯喝汤,而且喝这点汤还得看迪士尼的脸色。但是为了将来的发展,乔布斯只能接受。

经过四年的艰苦创作,《玩具总动员》横空出世,大获成功。这大大增添了乔布斯的信心,也让他看到了翻身做主人的希望。他决定将皮克斯打造成一个品牌,为自己的动画王国奠基。

在这样的思路下,乔布斯要求迪士尼更改与皮克斯的合作条款,他提出了三条要求:一是撤销迪士尼对制作电影的建议权,由皮克斯独立完成制作。这一点保证了皮克斯创作上的独立。二是要把皮克斯注册成一个品牌名。乔布斯认为这样可以提高皮克斯的知名度，树立公司形象。三是要求在所有相关影片的产品上都要印有皮克斯的商标，并且不能小于迪士尼的商标。

这三点要求基本上都是针对品牌建设的，没有涉及利益分配问题，这一点也反映出了乔布斯的成熟，他知道皮克斯如今还不具备和迪士尼谈条件的实力，他目前最需要的是让皮克斯借助迪士尼迅速成长，增强自身的实力。

此时还发生了另一件对皮克斯有利的事情，由于迪士尼内部的斗争，经理卡曾伯格跳槽到了迪士尼的竞争对手梦工厂那里，这对迪士尼来说无疑是个巨大的威胁，这件事也从侧面增加了皮克斯的重要性，因为《玩具总动员》的成功已经充分证明了皮克斯在计算机动画领域不容置疑的实力，谁能与皮克斯合作，就意味着谁在计算机动画领域赢得了先机。梦工厂正在为此努力，迪士尼当然不愿意自己的"小弟"被竞争对手招揽走。

意识到与皮克斯紧密合作的重要性，再加上乔布斯并没有趁机狮子大开口，提出修改利益分配的要求，于是，迪士尼很大方地接受了乔布斯的要求。继《玩具总动员》后，皮克斯又相继推出了《虫虫危机》《玩具总动员2》和《怪物公司》，都大获成功，票房屡创新高。而之前乔布斯推出的品牌战略也开始显现成果，皮克斯的名声越来越响亮，成了票房的保证。

与此相反的是，随着皮克斯的成功，迪士尼却越来越担忧，因为票房越成功，乔布斯的底气就越足，就会掌控谈判的主动权，到时候迪士尼就很难再取得强势地位了。因此，当《海底总动员》（迪士尼与皮克斯合作协议中的最后一部影片）在进行创作时，迪士尼反而希望其失败，并且，迪士尼的 CEO 艾斯纳还公开批评皮克斯及其创作团队，甚至预测《海底总动员》不会取得如《玩具总动员》和《怪物公司》那样的成功。

合作伙伴在背后拆自己的台，这事搁谁身上都会生气。但是，乔布斯强压住了心头的怒火，他告诫自己不能在与迪士尼合作还没结束时就翻脸，他转而安慰、鼓励自己的创作团队拿出更好的作品，给艾斯纳强有力的回击。

《海底总动员》的首映成绩就突破了七千万美元，全美票房收入达三亿四千万，海外收入则达到了前所未有的四亿八千万美元。一举击败了同期广受关注的《黑客帝国2：重装上阵》，成为当年度北美票房冠军。

这个前所未有的好成绩，更增加了乔布斯的信心，更重要的是，现在他有条件与迪士尼讨价还价了，他的皮克斯在人才、技术、资金、品牌等方面都得到了极大的提升，成为计算机动画制作领域的王者，成为动画电影新趋势的领导者，而无论是迪士尼还是梦工厂，都不再敢小觑皮克斯的实力了。乔布斯觉得已经不需要再对迪士尼忍气吞声了，他公开对艾斯纳的言论进行了反击。

在与迪士尼洽谈第六部动画片的发行问题时，乔布斯提出要独享影片 90% 的利润，只支付给迪士尼 10% 的发行费用。而在这之前，拿 10% 利润的是皮克斯。这个要求遭到了迪士尼的断然拒绝，他们还不能接受如此快速的角色转换。而且皮克斯所拍的每部电影都为迪士尼带来至少两亿美元的收入，如果按照乔布斯的条款，迪士尼分得的利润将减少大半，这当然是迪士尼无法容忍的。艾斯纳还把自己当"大哥"，他态度强硬地说："是迪士尼为皮克斯带来了高额利润，这一点乔布斯恐怕没搞清楚。"而乔布斯则说出了压在每一个皮克斯人心中多年的声音："我们需要的是一个平等的合作伙伴，而不是替人打工。"双方都不肯退让，10个月之后，谈判陷入了僵局。乔布斯宣布中止与迪士尼的谈判，试图逼迪士尼就范。消息一出，迪士尼的股价立刻下跌。

在这样的关键时刻，迪士尼的后院再次起火，内部的权力斗争之火再度燃起，反对艾斯纳的声音越来越强大，迪士尼创始人沃尔特·迪士尼的女儿也表示艾斯纳应该立刻辞职。乔布斯则给迪士尼起火的后院又泼了一桶油，他说："皮克斯将来可能不会与一家不同的公司合作，但却会与一个不同的首席执行官合作。"虽然话说得还算委婉，但谁都能看出来他也在催促艾斯纳走人。

迪士尼一方面面对着梦工厂等强敌的竞争，业绩不断下滑，另一方面由于权力斗争内耗了大量元气，急需扭转这种不利局面，最终迪士尼董事会做出了辞退艾斯纳的决定，由伊格尔接替他的职位。

伊格尔上任后，经过与董事会讨论，认为收购皮克斯是使迪士尼摆脱目前困境的最好办法，这样做不仅可以在计算机动画制作领域取得领先，同时还能获得一个利润增长点。乔布斯也认为这事可行，因为这样不仅可以巩固皮克斯在动画电影领域的地位，还可以涉足其他相关领域，扩大皮克斯的业务范围。对迪士尼和皮克斯来说这是一笔双赢的买卖。

2006年1月24日，迪士尼宣布以74亿美元的价格收购皮克斯。随后，乔布斯发表声明："今后，迪士尼与皮克斯将更为紧密地合作，双方的资源实现了共享，再也不会为利益分配而产生矛盾，这为我们推出更优秀的动画电影做好了准备。"

从一开始面对"不平等条约"的忍气吞声，到后来成为迪士尼最大股东的扬眉吐气，乔布斯的隐忍和出手时机都拿捏得非常到位，非常精彩。富豪榜对乔布斯的评论称："他在 1986 年从乔治·卢卡斯手中用 1000 万美元买下皮克斯动画工作室堪称最佳投资。因为 2006 年皮克斯动画公司被迪士尼收购后，乔布斯得到的迪士尼股票市值达到 39 亿美元，他一举成为迪士尼最大个人股东。然而，能走到这一步，实属不易。"

小不忍则乱大谋，年轻人纵有满腹才华，但如果不懂得忍耐，那他往往就会因冲动而误事。只有具备足够的实力后，才能扭转局面，成就人生大业。

第五章
创新是区分领袖和追随者的准则

　　突破是创新的核心。创新不是对过去的简单重复和再现，它没有现成的经验可借鉴，也没有现成方法可套用，它是在没有任何经验的情况下去努力探索。

学会破坏性创造

旧的不去，新的不来，有时候大破才能大立。在创新的道路上，我们很容易为既有的规则和前人的经验所束缚，这时候我们应该有破而后立的勇气与决心。

乔布斯说苹果公司强项之一就是把高科技转换成身边很普通的东西，给用户以完美的操作体验。而做到这一点，就需要不断打破对科技产品固有的刻板印象，建立一种新的思维方式来指导产品的创新。

1998 年，苹果推出个人计算机 iMac。iMac 的出现震撼了整个 IT 界。它的外形有了全新的改变：半透明的塑料外壳，有蓝、绿、橙、红、紫五种颜色可供选择；机身是弧线造型等。iMac 的问世正是乔布斯"破而后立"战略思想的体现，即不把苹果电脑公司当作一个纯粹的 PC 制造商，而是变成一个用高科技产品提供全新生活体验的供应商。后来，乔布斯又打破了他自己定下的规则，把苹果重新定位成一家高端消费电子与服务的公司。

乔布斯擅长破坏性创造，他有这样的勇气和果决的行事作风，而苹果公司也在一次次破坏中激发出了新的创意，创造了新的奇迹。

创新作为一种最灵动的精神活动，最忌讳的就是呆板和教条，任何形式的清规戒律，都会束缚其手脚，使其无法大展所长，只有敢于打破常规标新立异的人，才能真正有所作为。艺术大师毕加索曾说过："创造之前必须先破坏。"破坏什么？破坏传统观念和传统规则！

2005 年 1 月，苹果引入了 iPod shuffle，这是一个更具革命性的创新。乔布斯注意到 iPod 上面的"随机播放"功能非常受欢迎，它可以让使用者以随机顺序播放歌曲。这是因为人们喜欢遇到惊喜，而且也懒于对播放列表进行设置和改动。有一些用户甚至热衷于观察歌曲的选择是否是真正的随机。

这个功能引出了 iPod shuffle。当鲁宾斯坦和法德尔努力制造一款体积更小、价格更低的闪存播放器时，他们一直在尝试把屏幕的面积缩小。有一次，乔布斯提出了一个疯狂的建议："干脆把屏幕去掉吧。""什么？！"法德尔当时没有反应过来。"去掉屏幕！"乔布斯坚持。法德尔担心的是，没有屏幕，用户找歌曲会很麻烦，而乔布斯的观点是他们根本不需要找歌曲，歌曲可以随机播放。毕竟，所有的歌曲都是用户自己挑选的，他们只需要在碰到不想听的歌曲时按"下一首"跳过去。

iPod shuffle 的广告词是："拥抱不确定性。"

2007 年 1 月，iPod 的销售收入占到了苹果总收入的一半，同时也为苹果品牌增加了价值。

当有屏幕的音乐播放器几乎占据所有市场的时候，乔布斯却将这个规则完全打破，创造出了一款没有屏幕的 iPod shuffle，一开始也许会有消费者担心没有屏幕会很不方便，但是现在这款小巧精致的音乐播放器已经成为很多年轻人的最爱。iPod shuffle 是乔布斯敢于破坏性创造的又一经典案例。

对于年轻人来说，要想在社会上获得成功，就必须敢于标新立异，推陈出新。

突破是创新的核心。创新不是对过去的简单重复和再现，它没有现成的经验可借鉴，也没有现成方法可套用，它是在没有任何经验的情况下去努力探索。

在通常情况下，人们按照自己的常规思路，经历了千万次的试验，还是没有取得成功；有时取得成功却全不费工夫，这种突然而至的成功中往往就包含着意想不到的创造性，甚至会迫使人们放弃以前数年辛苦得来的成果。当你处于"山重水复疑无路"的境况时，建议你不妨打破常规不按常理出牌。这样，你才有可能在其他的方向"柳暗花明又一村"。

有用的创新才重要

创新工场创办人李开复曾说:"创新不重要,有用的创新才重要。"所谓真正的创新不应只是一人好想法的实现,在商业社会中,能转化成生产力的创新、能获得经济利益的创新才是有效的,而且才能是长远的。因此对于我们年轻人来说,在进行创新的时候,即使不能够把创新转化成为商业生产力,也要尽量让我们的创新有价值,能够让自己和其他很多人受益。比如说大家都习惯用双脚走路下楼梯,你创新出了用双手倒立下楼梯,这就属于一个无意义的创新,甚至有些无聊。

乔布斯是创新领域的大家,同时他也是将创新与市场需求有效结合的大家。USB 接口是英特尔公司发明的,然而最先将其应用于个人电脑的却是苹果公司。Wi-Fi 无线网络技术也不是苹果公司发明的,是由美国朗讯科技公司开发的,但却因为苹果将其应用于苹果笔记本而发扬光大。乔布斯有一种才能——率先洞悉技术和消费者需求之间的鸿沟,并且通过自己的创新或者二次创新消弭这一鸿沟,让先进的技术真正能为大众服务,成为改变生活的动力。

技术上的创新并不必然带来价值上的创新,如何能把创新从实验室带向市场，才是最关键的。而乔布斯为我们树立了好的榜样。

德鲁克在《21世纪的管理挑战》一书中指出：创新的考验在于能否创造价值。也就是说创新并不仅是一个好的想法的实现，而是要结合经济环境、市场环境创造出使用价值。一项技术创新只是实验室的成功，可以是一次成功的理论探索，却并不一定是成功的商业行为。所以作为各企业的骨干和生力军，年轻人一定要清楚，创新的根本目的是创造使用价值，进而产生经济效益。

苹果的产品不多，但个个都是精品，这既与乔布斯的聚焦战略有关，也与乔布斯总是能够通过审时度势，选择出能够创造可观经济效益的创新有关。在乔布斯看来，必须把精力放在重要的事情上，要学会对另外的100个好主意说"不"。同时乔布斯也强调，对其他的好主意说"不"，也意味着你必须仔细挑选你要做的事情。乔布斯举了一个例子：我们曾经在长达数年的时间承受着是否生产掌上电脑的压力，直到有一天我意识到，90%使用掌上电脑的人只是在旅途中以此获取信息，他们并没有输入信息，而用不了多久手机就能胜任这项工作，因此掌上电脑市场将会大幅萎缩，于是我们决定不进入掌上电脑市场，如果我们当初进入的话，我们就没有资源开发iPod了。

乔布斯果断放弃了掌上电脑开发，而把精力用于iPod的开发，事实证明这步棋走对了。看看iPod给音乐界带来的变革，我们不得不佩服乔布斯的果断与胆识。

创新是手段但不是目的，创新的成果只有应用于实践并产生实际的价值，创新才是有价值的，否则创新只是浮于表面的天马行空的想象，只是对资源与时间的浪费。

　　所以我们年轻人在工作和生活中要大胆创新，但也要考虑创新的实用性和产生的效益，要把有限的资源用在最能产生效益的地方。

创新无极限

　　巴乌斯托夫斯基曾经这样告诫过年轻人：异想天开给生活增加了一分不平凡的色彩，这是每一个青年和善感的人所必需的。创新是推动社会生产力不断发展的法宝，是民族发展不竭的动力。对于乔布斯来说，创新是他的一种本能，是没有尽头的。

　　乔布斯的一生，有人说辉煌，有人说夸张，甚至有人诋毁过他的作品和为人，但是，有一点可以肯定，创新的火种在乔布斯心中从未熄灭，无论是自己的设计风格屡次不被接受，曾经的朋友变成敌人，还是自己被亲手创立的苹果公司逐出门外，这一切都没有挡住乔布斯创新的步伐。

　　1976 年，只有 21 岁的乔布斯卖掉了自己的大众汽车，与好朋友史蒂夫·沃兹尼亚克凑足了 1000 美元作为启动资金，在一个破旧的车库里创立了苹果公司，并且通过艰苦研发，终于在这个简陋的"公司"里开发出了第一代苹果个人电脑（Apple I）。

　　1977 年，在美国旧金山举办的西海岸电脑展上，凝聚着乔布斯心血的第二代苹果个人电脑（Apple Ⅱ）一鸣惊人。它一改过去个人电脑沉重粗笨、设计复杂、难以操作的形象，5.4 千克重的机身仅用 10 个螺钉组装，塑胶外壳美观大方，看上去就像一部漂亮的打字机。数不清的用户涌向展台观看、试用，订单如雪花一般飞来。

1983 年，苹果公司的销售额翻了几百翻，数字已经达到了 9.8 亿美元。还不满 30 岁的乔布斯成为亿万富翁，并且是全美最富有的 40 位大亨中最年轻的一个。全世界的媒体普遍认为，他成功的最大"秘诀"就是不断创新。

1985 年，乔布斯不满足计算机业的局限，开始进军好莱坞。他用 1000 万美元买下了著名的皮克斯动画公司的所有知识产权及创意与技术人员，并在 1995 年以全球第一部 3D 动画电影《玩具总动员》震撼了整个电影界，开始了自己的二次独立创业。

1996 年，阔别 12 年之久的乔布斯应邀重回苹果公司主政。回归伊始，乔布斯即在 1997 年出人意料地宣布同微软结盟，他诱使盖茨用 1.5 亿美元购买了苹果公司的非投票股票，这笔资金拯救了危在旦夕的苹果，为自己赢得了宝贵的喘息时间。作为回报，苹果放弃控告微软侵犯版权的官司，并在每一部制造的电脑内安装了微软的视窗和办公软件。接下来从 1997 年到 2001 年，乔布斯率领苹果公司再次走上创新之路，先后推出了多款个人台式电脑（iMac）和个人笔记本电脑（iBook），逐步收复了失去的市场。

苹果公司从濒临破产到发展成为一个庞大的企业帝国，不能不说是在乔布斯"永不满足，不断创新"理念的引导下完成的。乔布斯在所有标新立异的产品名称之前加上了那个决定性的、小写的字母"i"。这个"i"有两层含义：一是互联网（Internet），二是个人（individual）。

整整 35 年，乔布斯通过创新和独特的努力方式，编织了一个属于自己的苹果神话。美国媒体曾这样评价他："如果说其他高手是在追随消费者的品位，乔布斯则是在引领消费者的品位。"

在电子产品行业中，做过一两次创新尝试的人大有人在，但是他们没有像乔布斯一样享誉全球。这是因为"创新"已经融入了乔布斯的血液和骨髓，并且伴随了他一生。无论是在幼年、青年，还是在中老年时代，乔布斯都没有停下创新的脚步。

选择做行业的跟风者还是开拓者，关键就在于你是否具有领袖的特质——创新。做人是一门艺术，做事是一门学问，想通过创新提升自我，就得有胆识去超越自我，去冒险。富贵险中求，想人家想不到的，做别人不敢做的，敢为天下先，并且持之以恒，就有希望成为一个行业的"开拓者"。

我们年轻人每天可以做的工作是有限的，敷衍了事、庸庸碌碌地过一天是一天，在做的每件事情上花心思，让每件事都与众不同也是一天。创新是永无极限的，这个世界不需要只知道赚钱、故步自封的守财奴，而是需要大胆创新、敢为天下先、勇于开拓的创造型人才。

站在巨人的肩膀上创新

创新并不是将他人的想法和创意统统都抛到一边，自己坐在家里苦思冥想，闭门造车。年轻人不管是在生活还是工作中，都要学会站在巨人的肩膀上，利用已经被证实的有效的经验和知识来为自己服务。这并不是偷懒，也不是可耻的事情，而恰恰是智慧的一种体现。

乔布斯重返苹果公司后说过这样的话："并不是每个人都需要种植自己吃的粮食，也不是每个人都需要做自己穿的衣服，我们说着别人发明的语言，使用别人发明的数字。我们一直在使用别人的成就。使用已有的知识来进行发明创造是一件很了不起的事情。"

现在是一个价值创新的时代，利用现有的技术进行价值创新是一项核心竞争力。我们不需要把全部的精力都投入到一些基础创意和技术的开发中，因为也许已经有人先行一步了。

我们要懂得以优秀者为师，向他人学习，能够利用已有的知识与经验来进行创新。

20 世纪 80 年代是一个在计算机技术上百家争霸的年代，苹果公司一直领先于其他的公司。但是在乔布斯重新回到 CEO 位置上时，苹果公司着实是个"烂摊子"，股价暴跌，技术上也不再领先，而且技术驱动的时代也不会再到来，在这种情况下，乔布斯提出了"站在别人的肩膀上进行价值创新"的思想。

这一观点在如今这个信息瞬息万变的社会中是完全站得住脚的，就像乔布斯说的那样，不是每一个人都要吃自己亲手种的粮食，不是每一个人都要穿自己亲手缝制的衣物。每个人所擅长的领域不同，只有合理的分配和层层的借鉴才能生产出最好的产品。于是乔布斯开始通过各种渠道吸收其他企业优良的技术，并且在此之上做出更大的优化和创新。

牛顿曾经说过一句话："如果说我比别人看得更远些，那是因为我站在了巨人的肩膀上。"对于乔布斯来说，那次"站在亚马逊肩上"的经历就让人印象格外深刻。

iPad 的横空出世，让苹果又一次成为人们争相追捧的焦点，在产品发布会上，乔布斯说 iPad 之所以如此吸引人，是因为这个产品是建立在乔布斯右脑思维的基础之上研发的，是人文技术加科学技术的交叉。

不过关于这款产品，人们争论的另一个焦点是，苹果利用了亚马逊的阅读器技术。

亚马逊一直是阅读器方面的领先者，对于大家的议论，乔布斯非常坦然，他说："我们是站在他们的肩膀上，推出了自己的新应用 iBooks。"

乔布斯从来不认为利用别人的技术是耻辱的事，他甚至说："优秀的艺术家复制别人的作品，更优秀的艺术家则偷窃别人的作品。我们从不以偷窃别人的伟大作品为耻。"不仅如此，乔布斯还经常带着员工去参观博物馆，从而引导员工更多地创新思想；他还曾带着麦金塔电脑小组参观新艺术派设计大师路易斯·康福特·蒂凡尼的作品展，希望从中有所启迪，从而完善自己的界面设计。

实际上，"偷窃"并没有那么不堪，也没有那么容易，因为你首先要理解这种精神，并且把这种精神转变为自己的伟大的创意和产品。

年轻人要想成功创新，仅有创新的决心和热情是不够的，还需要学习他人的成功经验和方法。在创新的路上，我们都不希望走冤枉路，谁都想能够事半功倍。虽然有时候我们可以花十年、二十年，甚至穷尽一生的精力和时间，自己慢慢摸索创新之道，但那毕竟不是最好的方法。

成功创新很重要的秘诀之一，就是要用已经证明有效的方法。

已经证明有效的方法在哪里？在成功人士那里。因此，向成功的人学习成功的方法，可以说是追求创新的捷径。

任何一位成功者，之所以在某一方面高人一筹、出类拔萃，必定有其独创的与众不同的方法。只要科学地学习他的做法，并在他的做法的基础上继续改造创新，我们就有可能做出和他相似的成就。

努力成为一种模式的开拓者

对于现在的商业竞争来说，单纯地靠技术创新已经不再是取胜之道，能够建立行业标准才是做大做强的关键。现在有一个词叫"商业模式"，如果你能创立一种新的商业模式，那么你就拥有了掌控一个行业的力量。

同样，对于年轻人来说，如果你能在职场中建立一种全新的工作方法，那么你就会形成自己的核心竞争力，变成无可替代之人。

2001 年，苹果公司推出 iTunes Store 用户体验，这是一种付费的音乐下载模式。但当时免费下载正在流行，因此苹果的这一产品受到了质疑。针对这一情况，乔布斯在接受采访时说："iPod 建立的这种音乐下载模式，可以让乐迷无须在网络上浪费时间找歌，他们只需登录 iTunes Store，点击一下鼠标就可以购买到自己想要的音乐，质量与可靠性都有保障。"乔布斯认为打击盗版不能光靠大棒，必须要给用户提供可以替代的胡萝卜，只有创建这种新模式，我们才能建立全新的用户体验。而事实证明，苹果的 iTunes Store 确实达到了乔布斯的预期，取得了不错的成绩。

创建一种新的商业模式，其实就是建立一种新的生活方式，当人们习惯了你建立的生活方式后，你就成了"主宰"，你就有了决胜未来、赢得竞争的最重要的"群众基础"。

年轻人在工作中进行创新，要明白商业模式创新的真义。一种商业模式就是一种生活方式，建立一种生活方式并推广开来，其产生的作用是巨大的。

iTunes 商店在 2003 年 4 月发布后的六天内卖出 100 万首歌曲，在第一年一共卖出 7000 万首歌曲。2006 年 2 月，iTunes 商店卖出了第 10 亿首歌曲。2010 年 2 月，iTunes 商店卖出了第 100 亿首歌曲。iTunes 商店的成功还带来了另一个微妙的好处。2011 年，出现了一种重要的全新商业模式，iTunes 商店有了这样一项服务：能把信任它的用户的在线身份和支付信息收集起来。苹果与亚马逊、维萨（Visa）信用卡、贝宝（PayPal）在线支付、美国运通银行，以及其他一些服务商进行合作，将信任它的用户收录进数据库，里面包含了用户的邮箱地址和信用卡信息，方便他们以安全和便利的方式进行在线购买。除了音乐，苹果还可通过在线商店向用户提供杂志订阅服务，在订单达成之后，苹果将代替杂志出版商和订阅者建立直接的联系。随着 iTunes 商店开始销售视频、应用程序和订阅服务，截止到 2011 年 6 月，该数据库中已有 2.25 亿活跃用户。

iTunes 开创并推广了一种新的商业模式，在拥有了如此多的用户之后，苹果就成了这些用户音乐生活的"主宰"，随之而来的巨大商业利益就是水到渠成的事情了。

年轻人在职场中要想生存和发展，必须具有竞争优势。也就是说，和同行业的其他人相比，我们能够以比较低的成本完成相同的工作，或者提供具有差异性和独特性的产品。

　　所以，我们年轻人在创新中要有一定的方向，明白创造新的商业模式的重要性。抓住了商业模式，就是抓住了一种行业的标准，而建立标准是现代竞争中核心的竞争力。

要跨界创新，不要线性创新

　　创新并不是只能局限在自己的领域和行业，跨界思考可以带来很多出色的灵感。所谓跨界是指突破原有行业惯例、通过嫁接外行业价值或全面创新而实现价值跨越的品牌行为。它代表了一种新锐的生活态度与审美方式的融合。

　　在乔布斯眼中，创新与创意的定位是这样的："创意就是将不同的事物联系在一起。如果你问富有创意的人他们是如何做某件事情的话，他们会觉得有点内疚，因为他们并没有真正地去做这些事情，他们只是将自己经历的事物联系在一起，然后加以综合，进而创造出了新的事物。他们能够做到这一点的原因在于同他人相比他们拥有更多的经历，或者他们对自己的经历进行过更多的思考。

　　"不幸的是，我们这一行业中的很多人都没有丰富的经历。因此，他们没有足够的点供自己连接，最终他们只能提出缺少对问题广阔思考的线性解决方案。对人类经历的理解越深入，我们就可以产生越好的设计。"

　　跨界是一个神奇的词汇，IDEO公司的总经理汤姆·凯利曾总结说："跨界产生神奇的效力，拥有这一本领的人，就拥有不可思议的魔力。"即便是那些看起来完全不相干的想法和概念，跨界者也能将它们进行巧妙的嫁接，创造出神奇的新东西。他们创新的源泉通常是：将某种新发明或新方法完美地移植到另一行业或另一领域，令其发挥作用，解决问题。比如，跨界者从钢琴键盘上汲取灵感，将其应用于早期的打字机，进而一步步优化，这才有了今天被广泛使用的电脑键盘。

可见，要想真正具有创新思维，就应该天马行空，让思维尽情驰骋，而不是墨守成规于线性思维。当然，要想拥有跨界思维就必须有跨界的资本，拥有多样化的体验就是跨界的资本。

乔布斯喜欢旅游，喜欢交朋友，尤其喜欢结交那些在自己领域里有所成就的朋友——音乐家、文学家、动物学家、化学家、历史学家……他们往往是乔布斯创意灵感的获取点。所以，乔布斯的头脑中有太多的联想，这让苹果在计算机设计的方方面面创新不断，包括电源线这样的细枝末节。

很多人可能会有这样的经历，在公司或者在家的时候，曾经被脚下的电源线绊倒过，又或者把桌上的电器绊下来。如果我们因为踩到电源线，而将自己的宝贝电脑从桌上扯下来，并重重地砸在地上，那么，电脑里的重要文件很可能就被损坏了，后果也是不堪设想的。为此，乔布斯巧妙地设计了"MagSafe"，它是一块连接笔记本和电源线的磁铁，通过这样的装置，乔布斯轻松地将电源线和电脑进行了分离。至此，以上所述的那些令人想了就不舒服的事再也不会发生了。这个创意是乔布斯从日本人生产的电饭煲上"窃取"的。日本人生产的电饭煲多年来一直采用磁铁门闩锁的设计，就是为了防止人们绊倒电源线时，滚烫的电饭煲掉在地上。乔布斯就是这样把电饭煲和计算机这两个风马牛不相及的东西联想在了一起，然后创造了带有 MagSafe 的 MacBook，并畅销于世。

　　线性思维和跨界思维之间最重要的差别就是整合能力，就是将不同领域看似无关的问题或想法联系在一起的能力。我们的阅历和知识越丰富，头脑中产生的关联也就越多，新奇的创意也就越多。所以年轻人若想真正具有创新思维，就不能只局限于自己喜欢和从事的领域，而应该多去接触与自己不同的人和事，注意生活的各种细节。只有拥有了丰富的经历、开阔的眼界，才能打破陈规，不断推陈出新。

第六章
这不是单打独斗的年代了

如果我们自己不是天才，也要多与天才交往，这样能够接触到更多的天才，通过与他们沟通，学习他们的新奇想法和优秀品质，这对我们以后的成功有很大的好处。

寻找志同道合的伙伴

　　虽然这不是单打独斗的年代了，但并不意味着与人合作就可以随随便便了。道不同不相为谋，如果我们的合作伙伴与我们的兴趣不同，价值观不同，看世界的眼光不同，那么这样的合作伙伴还不如没有。因为他的力不仅不会与我们向相同的方向使，说不定还会与我们的力相互抵消。

　　苹果公司的 iPod 推出后销量非常好，2005 年一年售出 2000 万台，是 2004 年销量的四倍，占苹果公司当年营收的 45%。乔布斯并没有一味地高兴，反而开始担忧。因为手机开始配备摄像头，导致数码相机市场急剧萎缩。乔布斯担心同样的事情也会发生在 iPod 身上，他说："能抢我们饭碗的设备是手机。每个人都随身带着手机，就没必要买 iPod 了。"

　　乔布斯开始考虑与手机厂商合作。摩托罗拉公司当时的 CEO 埃德·赞德是他的朋友，于是，乔布斯开始商议与摩托罗拉的畅销手机刀锋（RAZR）系列合作。该系列手机配有摄像头，乔布斯打算在其中再内置一个 iPod。摩托罗拉 ROKR 手机就此诞生。

　　但是 ROKR 面世后，令人大失所望。该系列手机既没有 iPod 简约迷人的风格，也没有刀锋系列便捷的超薄造型，外观丑陋，下载歌曲困难，而且只能容纳近百首歌曲。这与乔布斯的理念大相径庭，但他没办法掌控，因为 ROKR 系列手机的硬件、软件和内容并非由同一家公司制造，而是由摩托罗拉公司、苹果公司及无线运营商共同拼凑而成。《连线》杂志在 2005 年 11 月号的封面上嘲讽说："你们管这玩意叫未来的手机？"

乔布斯怒不可遏，在一次 iPod 产品评述会议上，他对所有与会的人说："我受够了跟摩托罗拉这些愚蠢的公司打交道。我们自己来。"于是，划时代的产品 iPhone 开始酝酿。

虽然催生出了 iPhone，但并不能掩盖之前乔布斯与摩托罗拉公司合作的失败。当时的乔布斯还没有认识到，并不是所有的公司都像他的苹果那样追求完美的产品，考虑用户的感受。

苹果公司的首席设计师乔纳森·艾弗是乔布斯的最佳拍档和亲密朋友，他曾参与了包括 iPhone 在内的多款产品的开发。但是就在 1996 年，乔布斯回归的前夕，艾弗正打算辞职。当时艾弗在苹果公司的设计部门工作，并且担任设计部门的主管，但他却很不开心，因为苹果当时的 CEO 阿梅里奥并不看重设计。艾弗说："没有那种为产品付出心血的感觉，因为我们都在努力扩大利润。这些高管只要求我们这些设计师设计产品的外观，然后工程师再把成本压到最低。我准备辞职了。"

1997 年 9 月，乔布斯重返苹果公司出任 CEO，他将高管层召集在一起进行动员讲话，艾弗也在场，这次讲话后，他打消了辞职的念头。"我记得非常清楚，史蒂夫宣布我们的目标不仅仅是赚钱，而是制造出伟大的产品，"艾弗回忆说，"基于这一理念所做出的决策会与从前有本质的不同。"艾弗和乔布斯一拍即合，成为当时最伟大的工业设计搭档。

对于乔布斯来说，在了解艾弗之前，他本打算从外面招聘一个世界级的设计师。他找过 IBM ThinkPad 笔记本的设计师理查德·萨珀，还曾找过设计法拉利 250 和玛莎拉蒂 Ghibli 一代跑车的乔吉·乔治亚罗，直到他去苹果的设计工作室走了一圈，碰到了为人诚恳的艾弗。艾弗后来回忆说："我们讨论了产品在形式和材料方面的种种可能，我们的看法一致。我突然明白了自己为什么会爱上这家公司。"

最初艾弗是向乔布斯指派的硬件部门主管鲁宾斯坦汇报工作，后来则和乔布斯发展成了一种直接的、异常牢固的伙伴关系。他们一起吃午餐，而且乔布斯每天下班之前都要去艾弗的设计工作室聊一聊。"乔尼（艾弗昵称）的身份很特殊，"乔布斯的妻子劳伦说，"他常来我们家玩，两家人之间的关系也变得更亲密。史蒂夫从来不会故意伤害他。在史蒂夫的生活中，大多数人都是能够被替代的，唯独乔尼不是。"

乔布斯自己的话更能表现出他对艾弗的尊敬和喜爱："乔尼给苹果公司乃至全世界带来的改变是巨大的。在各方面他都是一个极聪明的人。他懂得商业概念和营销概念，接受新事物的速度很快。他比其他任何人都更为理解苹果公司的核心理念，乔尼是我在公司里的'精神伴侣'。苹果生产的大多数产品都是我们一起构想出来的，然后我们会再把其他人拉进来，问他们：'嘿，伙计，你们觉得怎么样？'对每一个产品，他既有宏观的见解，又能考虑到细枝末节。他明白，苹果是一家注重产品的公司。他不仅仅是一个设计师！这也就是为什么他向我直接汇报工作。他是整个公司里除我之外最有运营权力的人。任何人都无权干涉他做什么或不做什么。这也是我的意图。"

艾弗喜欢分析某个特定设计背后的理念以及如何一步步地构想出这个设计，而乔布斯更注重直觉的判断，他会明确指出自己喜欢的模型和草图，放弃那些不喜欢的。接下来，艾弗就会按照乔布斯的思路和爱好，进一步完善设计理念。他跟乔布斯形成了完美的互补。

艾弗对乔布斯的帮助是巨大的，他懂乔布斯，他与乔布斯设计的理念也基本一致，所以他能给予乔布斯巨大的助力。物以类聚，人以群分，年轻人在寻找合作伙伴时，一定要遵守这四个字的标准——志同道合。

让你的伙伴知道他很重要

不管是我们的雇员还是盟友，如果他们感到自己可有可无、无足轻重，那他们的工作积极性会变得非常低。每个人都渴望实现自己的价值，有时候甚至要胜过对于金钱的渴望。

乔布斯深知这一点，虽然他总是给员工非常大的压力，有时候脾气还非常暴躁，但苹果的员工流动率只有3%，是技术产业里最低的。

乔布斯总是试图为员工灌注充足的能量，以便让组织里的每个人都变得和他一样积极主动。他找到了强有力的办法，让每一位员工都确信他们的贡献对产品的成功起着至关重要的作用。

绝大多数公司都是以工资、奖金和股票期权的形式给员工提供奖励，苹果也是这样，但苹果的员工流动率只有3%，肯定有不同于其他公司的办法。乔布斯很擅长用多种不同的方式来赞赏和奖励员工，在他看来，钱和股票不是保持雇员高度积极性的唯一要素。

麦金塔团队藏了很多瓶香槟，每当有人感觉实现了一些很小但是很重要的目标，或是完成了一些努力尝试了很久才最终成功的事情的时候，他们就会开瓶香槟庆祝。当麦金塔团队的某个成员应当获得奖金的时候，乔布斯会将支票放在一个白色信封里，然后走到那个雇员的工作区，亲手交给他。有一次乔布斯亲自给麦金塔团队的工程师颁发奖牌，只是为了表达他对这位工程师努力工作的赏识。

在第一代麦金塔电脑上市的时候，乔布斯想让工厂的工人知道他很赏识他们的努力。如果是其他公司的首席执行官或许会让人力资源部门印制一些证书挂在墙上或是让工厂的经理举行一个表彰大会。乔布斯不会那样做，他亲自前往工厂，将100美元的钞票亲自发到每个工人手中，而且在发放的时候他会看着他们每个人的眼睛。这100美元根本不重要，重要的是乔布斯让每个工人都感受到了公司首席执行官对他们工作的赏识和肯定。

乔布斯经常会在苹果公司的走廊或是厂区走动，进行"走动式管理"。他经常会突然询问某个员工"你现在在做什么"或者"你有什么问题吗"等非常有挑战性的问题。如果员工的回答不能让乔布斯满意，则很可能会被马上解雇。

对于一些经常偷懒的员工来说，乔布斯的这种"微观管理"非常具有压迫性，让他们感到很不舒服。但对那些勤奋工作的员工来说，这种方法会创造一些积极情绪，会使员工感觉到：他不仅关心产品，也同样关心我在其中所起的作用。我是伟大事业的一部分。我们一起参与其中。

乔布斯认为，如果CEO能够平易近人并且愿意聆听员工们的心声，他们就会努力提升自己以达到领导者对他们的期望。乔布斯的管理并不只有残暴的一面，否则光靠"炒鱿鱼"和训斥管理员工，他也不会被评为全球最成功的CEO之一。

有一次乔布斯来到麦金塔工厂的装运区。走动视察了一会儿后，他认为产品装运得不够快或不够好。于是乔布斯又不知不觉将自己想象成了产品，并向装运工人描述作为一台麦金塔电脑他在到达这个区域以备装运时有何感受。在所有的装运工人面前，为了想出更快更好的包装方式，他亲手完成打包和用收缩薄膜包装的全过程。装运区的工作人员都目瞪口呆，因为乔布斯的方法确实能够提高装运速度。当乔布斯做完的时候，在场的人无不鼓掌欢呼。然后他们订了一些比萨和饮料，所有的人都一起为发现更好的装运方式庆祝。最终，这些改变让他设定的每27秒装运一台麦金塔电脑的目标成为可能。

在装运产品的船下水后，乔布斯还让一辆大卡车运来了100台麦金塔电脑，然后他在一个小型典礼上亲自将它们分发了出去。乔布斯喊出每个员工的名字，和他们握手，并表达自己的谢意。当iPhone手机发布后，苹果公司的每个员工也都免费得到了一部。在公司工作了一年以上的兼职人员和顾问也是如此。

乔布斯一直在用"我们现在所做的一切将给整个宇宙带来巨大的冲击"之类的话鼓舞员工的斗志，这让每一位员工都感到自己很重要，他们都在参与改变世界，这极大地提高了他们的积极性。

即使是假话说了几百遍也会变成真的，何况乔布斯和他的苹果确实是在改变世界。如果年轻人学会乔布斯的这一招，让你的伙伴感受到你对他的重视，那么你会得到意想不到的回报。

伙伴并不是越多越好

在如今这个分工明确、讲究效率的社会，人多并不一定力量大，有时候人多反而会起反作用。因为人多了想法就多，管理起来非常困难，还会造成管理系统的臃肿，出现权力斗争的内耗状况。相比较之下，还是小型的精英团队更加适合现在的社会节奏。

乔布斯很早就认识到了这一点，在他看来，一些非常需要激情和强度的项目，只有通过聚集为数不多有天赋的人，让他们在不受常规限制的环境中工作才能做好。在适宜的环境中，在友善的竞争氛围下，小型的"精英突击队"往往能做到庞大的"正规军"做不到的事情。乔布斯认为只有在这种团队中，所有成员才能够完全释放他们的创造力和艺术天赋。在乔布斯掌权苹果的后期，苹果公司内几乎所有的研发团队都是这种小型的"精英突击队"。

乔布斯规定麦金塔团队的成员不能超过100人。"如果我们雇用一个有特别才能的人，就不得不解雇另一个人。"乔布斯说。因为他知道一个过于庞大的工作团队会面临哪些问题，过于庞大的团队会出现组织上的层层关卡，从而减缓一切事情运行的速度。但是他更喜欢这么说："如果团队超过 100 人，我就很难记住他们的名字了。"

乔布斯曾在苹果公司内见过这种现象，一个大型组织陷入重复的陷阱，太多层的批复和关卡阻碍了交流和观点的交换。乔布斯不想重蹈覆辙，他甚至想通过这个麦金塔团队证明组建精英型小团队的可行性，然后在整个公司推广。乔布斯在谈论苹果的未来时，最担心的就是随着公司规模的不断扩大，它会成为一家平庸的公司。

麦金塔团队的成员之间有着超乎寻常的友情，乔布斯将这个团队的成员与公司其余成员分隔开，使他们免受干扰。而且作为一个自给自足的独立单元，麦金塔团队有它自己的设计师、程序员、工程师、生产人员、文案人员以及广告和宣传专家。在这样一个小型团队里，成员每天可能还要工作 16 个小时，长时间的相处让他们每个人之间都建立起了良好、亲密的关系。

乔布斯每三个月都要为麦金塔团队举办一次产品静修会，并把它们排进了工作日程表，日程表中安排有充足的休闲和放松时间，但是商务会议要遵循相当严格的日程表，而且每个成员都要出席，这条如果放在一个庞大的团队里根本行不通。

会上每个小组的负责人都要就硬件、软件、市场、销售、财务和公关等问题，根据工作现状和时间表做一个简短的报告，并解释他们现在处于日程表的哪个阶段。如果他们的小组落后于原定安排，他们会非常坦诚地解释原因和所遇到的问题，并且提供一些能让自己重新赶上原定进度的想法，没有人会幸灾乐祸或是嘲笑他们。而且每个人都可以打断他们，提供一些自己认为可以帮助他们的意见。每个人都可以，与头衔或者职位没有关系。

乔布斯梦想有一天苹果的管理结构能够更为精简，批准的程序能够变得更为简单，在每份决议上签字的人也因此会变得更少。乔布斯理想中的苹果公司应该是这样的：任何人都可以随时走进首席执行官的办公室并同他交流自己的想法。

其实这种小型"精英突击队"就是"个人英雄主义"的一种延伸，只不过这个小团队的人要毫无芥蒂、配合默契且才华横溢，他们所有人的合力达成一种无所不能、傲视群雄的"英雄"效果，团队里每个人都有当"英雄"的自豪感。年轻人如果非常崇尚"个人英雄主义"，不妨尝试组建或是加入这样一个"精英突击队"，效果一定会非常不错。

只有天才能发现天才

天才由于某一方面的思维和感觉比普通人强大很多，所以他们都不是一个平衡的"个体"，很多都有一些别人无法理解的怪癖，比如英国作家狄更斯，他非常迷恋尸体，而且一天要梳头几百次；莎士比亚的戏剧中经常会出现像《威尼斯商人》中的夏洛克一样的，冷酷无情、爱财如命的人物形象，而莎士比亚自己却是金钱的"奴隶"，他非常关心自己怎么做才能挣更多钱，他不仅在房地产中投机倒把，还向亲朋好友放高利贷。

类似的例子还有很多，天才和疯子只有一线之隔，所以他们很难与普通人打成一片或正常相处，但是一个天才是最能理解另一个天才的，比如乔布斯和比尔·盖茨。

本身就是天才的乔布斯非常理解这一点，他经常对身边的人说一句话："优秀的工程师是一个巨大的倍增器。"乔布斯认为发现优秀人才的好处之一就是他们会成为你最优秀的招聘人员。他们最有可能知道谁是有相同的价值观和类似天赋的人，一个优秀的人才通常都有一个同他一样优秀的朋友或者亲人。

为了给麦金塔团队寻找更多的人才，乔布斯采取了以下措施：如果某位员工推荐的人得到聘用，他会给这位员工 500 美元的奖励。每位新招募的员工都要与团队里的老成员组成搭档。除此之外，乔布斯还会选派在过去两年里雇用的最佳员工回他们毕业的学校进行招聘。

乔布斯招聘人才的核心原则之一就是一直雇用最优秀的"A级选手"，"A级选手"是他对优秀人才的称呼。乔布斯对此的解释是："一旦你雇用了一名B级选手，他们就开始带来更多的B级和C级选手。"在他看来，任何一个真正有天赋的人都可以称为"A级选手"。乔布斯曾经雇用兰迪·维京顿编写了第一个真正的麦金塔电脑应用程序"麦金字"（Mac Word），而当时兰迪还只是个中学生。

对于苹果现在的成功而言，乔纳森·艾弗的功劳很少有人能够超越，他也被乔布斯认为是最不可替代的人之一。在英国上学期间，艾弗就曾两次赢得皇家艺术学会颁发的学生设计大奖。第一次获奖之后他获得了去美国短期实习的机会，他搭飞机来到加利福尼亚，跑遍了硅谷所有热门的新兴设计公司。毕业之后，艾弗加入了一家公司，在那里待了几个月，主要设计洗手间的水槽。与此同时，他以前在硅谷旅行时遇到的一位设计师罗伯特·布伦纳成为苹果公司的首席设计师。布伦纳知道艾弗非常有才华，之前曾两次试图雇用艾弗。后来，艾弗因一起工作的同事对他的创新设计不感兴趣而郁郁寡欢，最终接受了布伦纳的邀请。

如果不是先雇用了布伦纳，乔布斯很难网罗到艾弗这位他日后的最佳拍档。由于深知天才对其他天才有很大的吸引力，所以为了防止自己的天才被挖墙脚，乔布斯可以说是不择手段。

　　乔布斯一旦发现了优秀的人才，他就会尽一切努力抓住他们。技术行业的竞争一直非常激烈，人员流动性很大，乔布斯因为秉承"战场如情场，不择手段"的信条而饱受批评。iPod 音乐播放器的负责人杰夫·罗宾就是乔布斯偷偷从别的公司挖来的，他深知这样的人才的重要性，所以在 iPod 开发早期很长的一段时间内，他都拒绝让记者把罗宾的全名刊登出来。

　　年轻人不管是创业还是平时交友，一定要重视天才的作用，不要因为他们有某些怪癖而感到无法接受。如果我们自己不是天才，也要多与天才交往，这样能够接触到更多的天才，通过与他们沟通，学习他们的新奇想法和优秀品质，这对我们以后的成功有很大的好处。

如果发现了人才，不遗余力地挖走他

人才对一个企业的重要性不言而喻，就像一开始的苹果公司，如果没有沃兹尼亚克的技术，苹果公司就是一个没有技术支持的空架子，而如果没有乔布斯的设计和营销手段，苹果推出的几款电脑都只会是少数计算机发烧友的收藏品，Apple II 不可能卖出 600 万台，苹果公司根本竞争不过 IBM。

乔布斯是一个非常重视人才储备的领导者，如果乔布斯认为某个人非常重要的话，他就会尽全力邀请对方加入，而他在网罗优秀人才上，似乎也有着非凡的力量。他一直在积极寻找世上最优秀的人才，并使他们成为公司的员工。

2001 年，乔布斯开设了苹果专卖店，在接受《财富》杂志的采访时，他说："拥有出色的人才，是公司的一大竞争优势，这一优势能让公司超越竞争对手。这或许不是一件容易的事，但如果能够找到顶尖高手，对我们而言就轻而易举了。因此，接下来，我开始打听当时最优秀的零售经理是谁。许多人向我推荐米勒德·德雷克斯勒，他当时正负责经营美国品牌时装 Gap。"

乔布斯十分重视人才，他认为在寻求世界上最优秀的人才方面，他做的每一件事情都是值得的。在他看来，"保持我所在的团队的一流水平，是我工作的一部分。为团队招募 A 级人才，是我应该做出的贡献。好的设计师要比糟糕的设计师好上 100 倍甚至 200 倍。在编写程序方面，优秀程序员与普通程序员之间也有着天壤之别。"正是这种理念，促使他总是全力争取某一特定领域的最优人才。布鲁斯·霍恩就是一个例子。

20 世纪 80 年代初，乔布斯组建了第一个"A 级小组"，他们在苹果公司总部的一个单独的部门工作，目的是研发第一代麦金塔电脑。麦金塔电脑小组核心团队由第一代麦金塔电脑小组组长杰夫·拉斯金组建，但乔布斯总是亲自参与招聘工作。为了成功说服霍恩加盟，乔布斯花费了两天时间向他介绍苹果公司，当时霍恩刚刚接受了另一家公司的聘请，那家公司承诺给他 1.5 万美元的签约津贴，这在当时是一笔大数目，但乔布斯还是成功地说服了霍恩。

布鲁斯·霍恩一直对乔布斯当年挖他的情景记忆犹新：

某个星期五的晚上，我接到了一个电话。"布鲁斯，我是乔布斯。你认为苹果公司怎么样？"给我打电话的正是乔布斯本人。"嗯，苹果公司确实非常棒，但是我已经接受其他的工作了。"

"别去管它，明天早上你来我们公司，我们有很多东西要给你看。明天早上九点，你一定要来！"乔布斯是在打广告，但我想我应该去一趟苹果公司，做做样子，然后告诉他我已经下定决心要去别处了。

但是第二天乔布斯完全说服了我。我几乎看到了麦金塔电脑小组的每个人，从安迪到罗德·霍尔特，再到杰里·默罗克，还有其他软件工程师，最后又回到了乔布斯身上。经过整整两天的演示，各种不同设计的绘图以及市场营销计划将我完全征服了。

　　星期一，我打电话给本打算去的那家公司，告诉他们我改变主意了。

　　可以说，乔布斯最核心的工作一直就是网罗一流人才，或者说组建由一流的设计师、程序员和管理人员组成的"A级小组"。在谈他自己独特的团队及人才观时，乔布斯说："我过去常常认为一位出色的人才能顶两名平庸的员工，现在我认为能顶五十名。我大约把四分之一的时间用于招募人才。"

　　对于乔布斯的团队建设，创新工场创办人李开复印象深刻。李开复加入苹果公司时才28岁，当时是在语音识别项目组，组里大部分员工都是年轻人，有一些人比李开复还小。但他们是全美软件业的精英，他们热爱并传承着苹果公司的海盗文化。

　　李开复说："在Mac产品组里，我发现我遇到了一些真正的牛人，比如菲利普·米勒，他后来成了著名软件Lotus1–2–3的作者之一；菲尔·高德曼，他后来创办了Web TV（1997年，这家公司以4.25亿美元的价格卖给了微软）；安迪·罗宾，他后来是谷歌手机Android计划的负责人。"可以看出，这是多么强大的一个团队，而乔布斯就是这个顶尖团队背后的操盘手。

　　年轻人无论是经营一个企业还是在实际的工作和生活当中，如果能充分地利用身边的有利资源就会走向成功。所谓近朱者赤，如果能经常与优秀的人为伍，那么人就会逐渐变得优秀起来；如果能够让优秀的人为你做事，那么成功就会向你走来！

寻找助你成功的"贵人"

俗话说："家有一老，如有一宝。"不管是什么样的"老"，年龄在那摆着，无论是阅历还是经验都比年轻人丰富。人生最大的幸运就是有一位有经验的导师，他会在关键的时候给我们指点迷津，告诉我们什么是对的，什么是错的，这远比我们自己去碰壁后再领悟要高效，可以让我们少走很多弯路。

苹果成立之初，资金非常紧缺。单是 Apple II 的制造成本他们就承担不起，更别说在《花花公子》这样的收费不菲的杂志上投放广告了。Apple II 的制作成本比 Apple I 要多很多，差不多每台需要几百美元。而这时乔布斯和沃兹尼亚克的苹果公司连买零件的钱都拿不出来，生产不出产品，那就谈不上销售了，当然也赚不到钱。

为了解决资金问题，乔布斯还一度产生过把公司卖掉的想法。当时，计算器制造商 Commodore 公司有意进入新兴的计算机市场，计划收购有发展潜力的计算机公司。乔布斯得知这个消息后，立即邀请了几位 Commodore 公司代表来他的车库公司参观。几位代表对 Apple II 电路板表现出了浓厚的兴趣，并且对屏幕上显示的高分辨率彩色螺旋线也很赞赏，这要得益于沃兹尼亚克的技术能力。

看到 Commodore 公司有收购意向后，乔布斯想要趁机大赚一笔，但他错误地估计了形势，乔布斯开出的条件是这样的：Commodore 公司出资 10 万美元现金收购苹果，并提供一定股票，同时每年还要支付他和沃兹尼亚克 36000 美元的年薪。对于乔布斯的条件，连沃兹尼亚克都看不过眼了："我认为这要求有点过分。我才投入一年的人工，这样的要价太高。"沃兹是厚道人，Commodore 公司的代表也不傻，他们认为虽然苹果公司的技术比较先进，但不值这个价钱，尤其是乔布斯要求 36000 美元的年薪，实在太猖狂。

虽然发现自己弄砸了，乔布斯依旧死扛着，坚决不肯降低自己的条件，最终双方没有达成一致意见。乔布斯甚至说："他们不诚实。我找不到一个喜欢与他们做交易的人。所有人都觉得他们是骗子。"这笔交易最终没能成功。

这件事后，乔布斯彻底打消了出售公司的想法，重新开始寻找资金支持。这时，曾经为苹果公司设计徽标的麦金纳向乔布斯介绍了自己的老板瓦伦丁。瓦伦丁是个风险投资人，乔布斯工作过的阿塔里公司就曾得到瓦伦丁的投资。乔布斯认为这是个摆脱困境的机会，他从麦金纳那里知道了瓦伦丁的联系方式后，马上就和瓦伦丁取得了联系。两人起初谈得不错，瓦伦丁便驱车来到车库基地对苹果公司进行实地考察，但当瓦伦丁看完沃兹尼亚克研发的最新一代苹果计算机，并听完乔布斯描述的宏伟销售计划后，他当即一盆冷水泼了下去。他说："你们根本就不懂得市场营销，对未来市场的规模也没有一个明确的概念。你们这样不会开拓更广阔的市场。"这表明瓦伦丁无意于投资苹果。瓦伦丁事后还打电话质问了麦金纳。当时乔布斯和沃兹尼亚克都很邋遢，身上还有怪味，瓦伦丁后来回忆说："那时候史蒂夫努力要成为'反主流文化'的化身，他留着一撮胡子，非常消瘦，看上去就像胡志明。"

不过，瓦伦丁临走时随口对乔布斯说可以帮他们找到一个风险投资人。

虽然瓦伦丁说要为苹果找一个风险投资人，但那是客气话，他并没有十分当真。可是乔布斯当真了，乔布斯每天都要给瓦伦丁打三四个电话，不断地询问他是否已经为苹果公司找好了风险投资人。瓦伦丁为自己当初的口无遮拦后悔不已，后来实在经不住乔布斯的电话轰炸摧残，他给乔布斯引荐了一个叫马库拉的风险投资家。

马库拉是硅谷知名的百万富翁和风险投资家，当时年仅 33 岁。他曾在南加州大学学习，并取得了电气工程硕士学位，后来先后供职于仙童公司和英特尔公司。他非常有远见，在英特尔还是一家小公司的时候，他投资了英特尔。后来英特尔成功上市，马库拉便一夜暴富。此时，马库拉已从英特尔退出，享受生活。他先是在太浩湖边给自己建了一座房子，之后又在伍德赛德的山区建了一座超大豪宅。

乔布斯立刻马不停蹄地找到了马库拉，以极大的热忱向他介绍了还设在车库里的苹果计算机公司。后来马库拉来到车库参观，顺便与乔布斯进一步讨论合作的事情。马库拉后来回忆说："我到车库的时候，沃兹就在工作台边，他立刻就开始展示 Apple

II，我没有太关心他们两个的长头发，而是被桌上的东西吸引了。头发什么时候都可以剪嘛。"乔布斯的野心和沃兹尼亚克的天赋打动了马库拉。而且，作为一个对未来市场高度敏感的风险投资家，马库拉十分看好未来个人计算机市场。在看过苹果公司生产的 Apple II 的演示后，马库拉觉得机会又来了。

不过，作为一个成熟的投资人，马库拉知道，虽然苹果不缺乏雄心和技术，但眼前的两个年轻人并不知道什么是真正的公司，更不知道如何发展更大的事业。当然，最重要的是，他们缺钱。

乔布斯和沃兹尼亚克有雄心和技术，缺少资金和管理能力，马库拉有钱和管理能力，缺技术，三人一拍即合。马库拉不但专门为两人上了为期 15 天的管理课，还筹集到了大量资金。根据他们的商业计划书，由马库拉承担融资工作，他自己投入了 9.2 万美元，又筹集到 69 万美元，并以自己做担保从美洲银行贷到 25 万美元。100 多万美元的资金，足以支持苹果憧憬未来了。

1977 年 1 月 3 日，苹果电脑股份公司正式成立。马库拉把乔布斯和沃兹尼亚克的资产估价为全公司股份的 2/3，而他以自己投资的 9.2 万美元获得了苹果公司 1/3 的股份。此外，他们还对职位做了分配。由乔布斯担任董事长，马库拉出任副董事长，沃兹尼亚克担任研发副总裁，由马库拉推荐的迈克尔·斯科特出任苹果公司首任 CEO。

当时的乔布斯和沃兹尼亚克有的只是技术和对未来的幻想，是马库拉注入的资金和他带来的规范化公司管理模式，让苹果公司逐渐走上正轨，可以说马库拉是乔布斯和苹果公司最大的"贵人"。但这"贵人"不是自己找上门来的,而是乔布斯对瓦伦丁死磨硬泡来的。

每个成功者的成功历程中都会有许许多多的"贵人",年轻人想获得成功也不能缺少"贵人",但这"贵人"不是等来的,我们小时候都学过《守株待兔》的寓言故事,都知道那位每天坐着等兔子来撞树桩的农民伯伯有多愚蠢。

第七章
世界会为那些勇于开拓的人让路

作为年轻人，精神饱满，潜力无限，就应该有自己的想法，不跟随，大胆开辟出一片属于自己的天地。

人生短暂，不要重复别人的路

人类是群居动物，社会是个大集体，所以我们活在世上，总有各种各样的"不敢"和"怕"：不敢坚持自己的观点，不敢标新立异，不敢与众不同；怕孤独，怕失败，怕"喷子"。我们总是对自己走的路持怀疑的态度，而对别人的路羡慕不已。当我们看到很多人都在走同一条路时，就会忍不住想："我的路是不是走错了？我的目标是不是太不切实际了？"于是，犹豫再三，终于还是决定改道跟着别人走，空掷青春，虚耗精力。

这是一个非常正常的现象，每天都在无数次上演，大部分人都会这么做，但是，这也是庸人和领袖的最大区别之处。

皮克斯，一家非主流的动画公司，一度亏损几近倒闭。

1991 年，当时正处于困境中的皮克斯得到迪士尼的投资，单独制作一部三维动画长片——《玩具总动员》。"我们要制作的不是《白雪公主》《美女与野兽》那样的电影，我们要做的是一部和迪士尼完全不同的电影。"皮克斯没有被困境磨掉棱角，而是喊出了响亮的宣言。

1995 年，皮克斯推出动画电影史上第一部全部采用 CG 技术制作的动画长片《玩具总动员》，这部影片同时也成为电影史上

第一部获得奥斯卡最佳原创剧本提名的动画片，并被美国电影协会选入100部最伟大的美国电影。

皮克斯只用了20年时间，就成为颠覆好莱坞电影和震撼世界的创新典范，这很大程度上得益于他们的精神领袖乔布斯。正是乔布斯深入骨髓的标新立异的不跟随精神给皮克斯塑造了自由的企业文化和创新的灵魂。

1999年，《时代》杂志记者带着新奇感参观了皮克斯动画工作室，以下是他们的参观记录：

在名为Frogtown的办公室里，首席技术官一边津津有味地嚼着蔬菜卷饼干，一边盯着电脑发呆，他正在思考牛仔女郎杰西的情感变化，杰西是《玩具总动员2》里伍迪的新助手。穿过Bugville大街，在奥斯卡最佳动画导演约翰·拉塞特的办公室里，堆满了200多件各式玩偶，而这位伟大的导演正在努力阻止他的四个孩子撕扯伍迪的玩具人偶。在Batcave大厅里，皮克斯的老板乔布斯正在面试新员工，这位有名的老板穿着短衫，光着大脚丫斜倚在写字台上……

皮克斯最著名的企业文化就是"以下犯上"。在创作领域，皮克斯内部完全没有"上下尊卑"的概念。如果你看过《怪物公司》DVD花絮，你一定会羡慕皮克斯的工作环境，那里到处都是稀奇古怪的玩具和非常另类的员工。在这里，任何一个普通动画师都可以提出创意供大家讨论。

《海底总动员》导演安德鲁·斯坦顿说："什么中层、下层、部门、领导，这些词我们统统没有，这就是我们独一无二的地方。"

　　就是在乔布斯创造的如此自由平等的企业文化下，皮克斯创造出了一部又一部颠覆传统震惊世界的动画电影。

　　古往今来，所有的成功者，都是敢于突破常规、特立独行的人，他们不盲目追随，大胆追求自己的梦想；而那些成功的企业，也都是因为与众不同、有自己独特的风格和产品才脱颖而出。作为年轻人，精神饱满，潜力无限，就应该有自己的想法，不跟随，大胆开辟出一片属于自己的天地。

成为某个领域的"偏执狂"

在如今这个节奏越来越快、越来越需要专业技能的年代,"全面"的人已经不再那么受欢迎,因为每个人的精力都是有限的,一个什么都会的人很可能意味着他什么都不精通。"取长补短"已经不值得提倡,"取短补长,让长更长"的人更受欢迎,而这种人一般都是所谓的"偏执狂",认准了目标就努力去做,不达目的决不罢休。

乔布斯是一个典型的"偏执狂",无论是对事还是对人,他都充满了无法形容的偏执。

iPhone 在发布时,它在手机市场上是后来者,当时的智能手机市场已经被一些老品牌占领,如诺基亚、微软 Windows Mobile、索爱、黑莓等。而 iPad 在发布时,"苹果"的身份是先驱者。一些人对 iPad 提出了很多批评:没有 Flash 功能,没有多任务处理,也没有摄像头,认为 iPad 不伦不类,只是一个大尺寸的 iPhone 或 iPod Touch。但这些批评都没影响到乔布斯:"当用户感受到 iPad 带来的沉浸式体验,感受到可以多么直接地与之互动之后,他们只会用'神奇'来描述它。"

还有一个故事非常令人震撼,很能体现乔布斯对于设计的执着:

乔布斯在得了癌症，生命逐渐油尽灯枯的最后的时间里，有一次，肺脏医生要往他脸上戴面罩。乔布斯却突然把面罩扯掉，嘟囔着说他讨厌这个面罩的设计，不要戴它。虽然他几乎无法说话，但还是命令医生拿来五种不同的面罩，选出了一个他最喜欢的。

不仅如此，乔布斯还非常讨厌医生安装在他手指上的氧含量监视器，他告诉医生那个东西太难看也太复杂，他还提供了几种可以使之设计得更简洁的方法。"他高度关注周围环境和物体的任何一个细微差别，这让他筋疲力尽。"他的妻子劳伦回忆说。

一天，在乔布斯半清醒状态的时候，劳伦的好友凯瑟琳来探望他。凯瑟琳坐在病床边。乔布斯看到她后示意她走近些，并且要来纸和笔，写道："我要我的 iPhone。"此时的乔布斯已经没有力气说话。凯瑟琳拿过他的 iPhone 后，乔布斯开始手把手地教她"移动滑块解锁"的功能，还让她玩菜单。

每当有苹果的同事来探望他，乔布斯就情绪高涨。蒂姆·库克（乔布斯钦点的接班人）会经常过来向他汇报新产品的进展。"每次话题转移到苹果时，你就可以看到他变得神采奕奕，"库克说，"就像灯一下被点亮了一样。"

乔布斯对于设计和工作的偏执可见一斑，他深深地爱着苹果，他似乎就是为了能够重返苹果而活着。

如果将乔布斯放到其他行业，他可能只是一个碌碌无为的普通员工。就如同将鱼从水里捞出来，它会因为无法呼吸而死去一样。年轻人如果想像乔布斯一样有所成就，不做庸人，就要在自己热爱和擅长的领域成为"偏执狂"。

不冒险才是最大的风险

在这个世界上，机遇从来都是与风险并存。对于一个安于现状、不求上进的人来说，只要一直跟在别人屁股后面走，天塌下来有个高的顶着，风险就会小很多，也可以安安稳稳、庸庸碌碌地过一生。而对于一个勇于开拓、敢为天下先的人来说，风险就像空气一样，无处不在，而没有风险的时候反而会觉得不自在，这样的人生虽然会遭受打击，但是会异常精彩。

乔布斯认为要想创造出具有革命性的产品，就必须打破常规去冒险，去颠覆传统，去创造未知。因为乔布斯知道在高新技术领域，如果你不能用冒险来走在时代的前面，那么就会被淘汰。乔布斯曾说："在一家生产创意的企业里，不再继续创新是最大的危机。真正的风险在于公司领导者认为不要冒险。"

2001 年 5 月 19 日，乔布斯带领记者参观了位于美国弗吉尼亚州泰森斯角购物中心的苹果零售实体店——第一家 Apple Store。

随后，在 Macworld Expo 2001 大会上，乔布斯向前来参加大会的人解释了为什么要开设这个实体店："不夸张地说，建造这个实体店有一半的原因是为了提供一个解决方案。因为人们不愿意去买个人电脑了，大家不知道电脑具体可以做些什么。"

但评论家纷纷预言苹果计算机公司犯了大错，这个店里竟然只卖苹果公司的东西，简直前所未闻，他们预测 Apple Store 将入不敷出，无力运营下去，一年内铁定倒闭。批判者还把矛头指向纯木质的店内布置，认为乔布斯把大量资金耗费在这个还没有被证实过的零售店概念上，这可能会给苹果公司带来巨大的损失，这完全就是一场没有胜算的"赌博"。

曾任苹果零售店部门高级副总裁的罗恩·约翰逊对此回忆说："世界真的大不相同了，但 2001 年 5 月我们还是开设了第一家苹果零售店。当时的零售业被戴尔主导，到处都是降价销售和薄利多销，我们是属于亏本运营的那类公司，其他的零售商也面临倒闭。我们说：'即使只有 3% 的市场，我们也要坚持。'当时最常听到人们对我们说的一句话就是：'疯了吗？'"

如今 10 年过去了，苹果第一家零售店不仅屹立不倒，而且还发展到了 300 多家店的规模。苹果 Logo 逐渐走入了世界各地，苹果公司开在全球的 300 多家零售店，接待访客已超过 10 亿人次，无论是在美国、英国、日本、澳大利亚、加拿大，还是在中国，被咬了一口的苹果都随处可见。

乔布斯想要开零售店时，苹果只有四款产品，两款便携式电脑和两款台式电脑，这种想法在现在看来都是非常疯狂的。但是乔布斯的冒险成功了，现在苹果零售店的销售收入已经占到了苹果公司总销售收入的 30% 以上。如果没有乔布斯 10 年前的疯狂冒险，苹果绝不会有现在的成就和影响。

不去冒险才是最大的风险。只有在冒险中我们才能够超越自我，寻求改变，获得新生。

从来没有一个人是在安稳中成就伟业的。动荡越大，风险越大，机遇给予的成功指数也就越大。想要过平稳安逸的生活，还是披荆斩棘的精彩一生，在于我们年轻人自己的选择。

看准了就大胆出手

我们很多人都有成功的欲望，但大部分人都只是想想，总也不敢去动手尝试。其实成功者不光需要有过人的眼光与胆识，最重要的一项品质就是要勇于行动。只有放手去做的人，才有可能建立伟大的事业。

当乔布斯得知自己是被收养的事实后，他一心想要证明自己，要让抛弃他的人知道他有多优秀。同时，随着年龄的增长，乔布斯对佛教的狂热逐渐淡下来，他变得越来越现实，他迫切希望获得成功。

就在乔布斯迫切寻找成功机会的同时，世界上第一台个人计算机 Altair 诞生了。1975 年 1 月，在《大众电子学》杂志封面上刊登了这个影响深远的消息，这标志着人们一直争论的"个人"计算机诞生了。

这个消息立即在热爱电子学的人当中掀起了一股研究热潮，沃兹尼亚克当然也在其中。他和乔布斯一起加入了由电子学发烧友组成的业余计算机用户小组。他们互相交流自己的想法，并向其他成员展示自己的最新研究成果。

但是当时的乔布斯和沃兹尼亚克都是穷光蛋，根本买不起最流行的 Intel 8080 芯片，那需要花费 270 美元。于是，两人便开着车到处去寻找物美价廉的替代品。在一次展示会上，细心的乔布斯发现了一款 MOS Technology 6502 芯片，功能与英特尔公司的 8080 相差无几，售价只有 20 美元。但是不知道这款芯片能否正常运行。回去后，沃兹尼亚克编写了一个 BASIC 编译程序，结果 6502 芯片运作良好，于是他们便用 MOS Technology 6502 芯片代替 Intel 微处理器工作。接着，沃兹尼亚克开始基于芯片 6502 设计计算机。沃兹尼亚克不愧为电子学方面的天才。他充分发挥自己的想象力，按照自己的想法设计了计算机的雏形。在输入数据方面，沃兹尼亚克创造性地采用了键盘输入数据，这也成为此后计算机的通用设计；在数据输出方面，沃兹尼亚克更是突发奇想，没有将其连接到 Teletype 打印机或价格昂贵的显示器上，而是连接在了电视上。

　　1976 年 3 月 1 日，沃兹尼亚克设计的计算机基本方案在业余计算机用户小组首次展示后，立刻引起了轰动，大家都希望拥有这样一台"个人"计算机。看着众人艳羡的目光，乔布斯立即敏感地意识到了潜在的商机，他认为沃兹尼亚克设计的计算机可以赚钱。他在脑海中快速地盘算着：现在这里的小组成员大约有500 名，只要其中有五分之一的人，也就是 100 人愿意掏钱购买，那么，每台卖 650 美元，100 台就是 65000 美元。每台利润是 50 到 100 美元，那他们最少就能够赚到 5000 美元！乔布斯当即决定成立一家自己的公司。

　　当然，成立公司离不开沃兹尼亚克，于是，乔布斯便极力游说沃兹尼亚克生产印刷电路板并将电路板作为产品销售。

1976 年愚人节那天，在乔布斯养父母的车库内，苹果计算机公司成立。一场伟大的、影响历史的进程就此开始了。

其实当时沃兹尼亚克还曾试图通过惠普公司来将自己的发明发扬光大，但是惠普公司觉得个人计算机前途渺茫，认为个人计算机只对少数计算机发烧友有吸引力，普通大众根本不知道这到底是什么玩意儿。当时的惠普只想把自己的主业——打印机和复印机做好，不想为个人计算机分散精力，于是拒绝了沃兹尼亚克的请求。当时沃兹的上司还召集了每个部门的负责人并询问他们：“你们是否对这样的机器感兴趣：‘能运行 BASIC 并连接到电视上，价值 800 美元？’”结果所有的人都表示不感兴趣，并说：“惠普公司不想进入这样的市场。”

现在惠普的笔记本和台式机随处可见，但是当时他们的目光还没有两个年轻人长远，结果这两个年轻人开创了一个时代，惠普成了一个跟风者。

年轻人如果有非常好的想法和非常强烈的创业意愿，不要犹豫，大胆去做，说不定你也可以改变未来。

没有什么不可能

我们每个人生活在这个世界上，最多不过百年，就算我们一生都在不停地学习，对这个世界的了解也非常有限，不过是一些基本规律，一些生活环境的情况，一些别人的故事。而这些已知的东西有时还会束缚我们的想象力，就像如果对一个世纪之前的人说人类有一天会人手一部手机和电脑，他会觉得根本就是不可能的事情。

不管是横向看还是纵向看，我们都是"沧海一粟"，我们对这个世界的了解也只是九牛一毛，所以不要被自己的思维局限，脑子里有太多的"不可能"，只要不是像"瞬间把猪变成骆驼"这样的离谱想法，什么都是有可能的，而且说不定过不了多少年，"瞬间把猪变成骆驼"这种事情也是有可能发生的。

苹果公司刚成立时，乔布斯考虑到了公司徽标的问题。最初苹果公司采用的徽标是韦恩设计的，是牛顿坐在苹果树下读书的一个图案，外框则配上了英国诗人威廉姆·沃尔兹沃斯的短诗："牛顿……一个灵魂，永远航行在陌生的、思想的海洋中……孤独的……"这个浪漫的徽标的寓意是：苹果将会远离机器，充满人文情怀。不过，这个徽标只用了很短的时间。

随着 Apple 电脑的销售，乔布斯越来越觉得韦恩设计的徽标过于理性和复杂了，普通的消费者看到后要思考一段时间，这非常不利于品牌推广。1977 年，乔布斯决定换个徽标，为此他四处寻找可以为苹果电脑设计徽标的优秀设计师。经过一段时间的研究，乔布斯发现英特尔电脑的广告设计十分高明，他们在宣传产品时从来都不是直接宣传产品本身，而是将计算机换为替代形象，比如扑克牌、汉堡包等，很容易让人们记住英特尔的品牌。通过这种独特的宣传方式，英特尔大获成功，吸引了一大批热衷英特尔电脑的消费者。

当乔布斯了解到为英特尔设计广告的是麦金纳公司后，他立刻就将电话打了过去。他在电话中直接说希望麦金纳可以为苹果公司设计一个特别的商标，并且还要设计一个适合苹果计算机的广告。麦金纳公司的老板听完乔布斯的介绍后，就把这项工作交给了负责新客户业务的伯奇。

当伯奇驱车来到乔布斯口中的苹果计算机公司时，发现苹果计算机公司只不过是一个设在车库里的且只有几名雇员的小作坊。不仅如此，车库里面一片狼藉，还散发着一股刺鼻的味道，他转身准备离开。这时，乔布斯立刻迎了上来，开始滔滔不绝地向伯奇描述苹果计算机公司的目标和发展战略，并极力称赞他们的产品是如何优秀。伯奇对乔布斯的口才和雄心深感佩服，但这仍不能让他答应做苹果计算机的业务。因为他认为这样的一个小作坊根本无力支付麦金纳公司的设计费用。当时麦金纳公司是非常有名的设计公司，收费不菲。

除了乔布斯，苹果计算机公司的其他人都觉得麦金纳公司是不会答应合作的。乔布斯随后打电话给麦金纳公司，对方没有再被他的口才忽悠，直截了当地拒绝了他。不过乔布斯就是这样，大家越是认为不可能的事，他就越是要做到。在接下来的日子里，他每天都要打五六个电话给麦金纳公司的老板麦金纳，以至于麦金纳的秘书都要崩溃了，麦金纳对乔布斯的这种无赖行为也非常恼火，但即使他对乔布斯发火，乔布斯还是会照样打电话来。

当时的电话号码并不像现在的手机号一样想换就换，当麦金纳也感觉快要崩溃的时候，他终于答应安排公司的艺术总监罗布·贾纳夫负责苹果计算机公司的徽标设计工作。贾纳夫决定就用苹果作为原型进行徽标的创作。他设计了一个简化了的苹果形象，苹果的右边被咬了一口。"被咬掉一口，是为了防止苹果看上去像西红柿。"乔布斯对这个徽标造型非常满意，但他坚持要在苹果上再加点东西，于是贾纳夫在上面又加了六条水平彩色条纹，用以表现苹果计算机优秀的彩色处理能力。

设计这个徽标花了苹果计算机公司一大笔钱，虽然人们无法得知具体数目，但苹果前 CEO 斯科特将其形容为"有史以来最昂贵的徽标"。不过，这同样是有史以来最成功的设计。很多第一次见到苹果徽标的人都会禁不住问："为什么这苹果被咬了一口？"这恰恰达到了设计师希望达到的效果。

2003 年，苹果公司对徽标进行了修改，将原有的彩色苹果换成了一个半透明的、泛着金属光泽的银灰色苹果。新的徽标显得更为立体和时尚，非常符合苹果公司一直以来追求创新并且引领潮流的气质。

　　当初很不情愿为苹果计算机公司设计徽标的麦金纳公司无论如何也不会想到，自己为了摆脱乔布斯无休止的骚扰而无奈设计的徽标会名扬天下，成为财富、时尚和完美的代表，成为科技与艺术完美融合的象征。

　　当所有人都认为一件事是不可能的时候，我们就要努力让它实现，这对欠缺经验的年轻人来说虽然是一次挑战和历练，但如果成功了将会极大地减弱年轻人对于困难的畏惧，若一直这样挑战下去，久而久之，不知不觉，我们就会发现自己已经大踏步地走在成功的路上了。

第八章
把每一天都当作生命中的最后一天

如果你把每一天都当作生命中的最后一天去生活的话，那么有一天你会发现你是正确的。

今天最重要的事情是什么

　　每个人的时间和精力都是有限的，只有把有限的时间和精力花在最值得做的事情上，才能让你做出正确选择，不被琐事干扰。如果你养成了只做重要事情的习惯，就等于获得了比别人多出一倍以上的时间和精力。而且，做起事情来会事半功倍。

　　乔布斯就是这一理念的践行者。

　　每一天开始工作之前，乔布斯都要先问自己："今天最重要的事情是什么？"确定了最重要的事情之后，乔布斯就心无旁骛地专心做这件事情，而且一定要做到完美。如果连续几天都找不到"重要的事情"可做，他认为一定是某个环节出了问题，需要好好反思了。

　　将者，军之魂。苹果公司的员工的工作效率堪称世界一流，这很大一部分要归功于最高领导者乔布斯的工作效率。乔布斯在工作中完全秉承了"要事第一"的原则。在乔布斯的工作日程上，招聘顶级人才就是最重要的事情之一。他曾宣称："人要么是天才，要么是笨蛋。我最喜欢的是日本百乐（PILOT）钢笔，其他的所有钢笔都是垃圾。除了麦金塔小组的成员，这个行业的其他所有人都是笨蛋！员工的才华是公司最大的竞争优势，为吸收世界上最优秀的人才，我所做的每一件事都是值得的。"

乔布斯的高度重视，让苹果公司汇聚了来自世界各地的顶级人才，令其他公司垂涎三尺，这让乔布斯非常开心，他曾自豪地说："和天才一起工作，是一件非常快乐的事情。苹果的产品总被视为艺术品，而它们的创造者——苹果的员工们，也颇有艺术家的特质。每个工程师都是天才，都个性十足。"

每个人的工作都不会一帆风顺，总会有各种各样的烦心事，对于如何排除这种不良情绪，乔布斯有自己的独门绝招。

乔布斯常常仿效僧侣的修行方式，进行静坐和冥思，以排除思想杂念。乔布斯从中受益良多，宗教中的修行方式成了他进行精神调节的重要手段。每当乔布斯感觉心灵失控时，他就通过这种方式来调整自己的心灵，当他找不到设计灵感时，他也会用这种冥思的方法来帮助自己。正因为如此，乔布斯很清楚自己想要的是什么，并且能将思想集中于它，所以他总是精力充沛，灵感源源不断。这些有效的精神调节方式使乔布斯能专注于最重要的事情而不至于分心，因而能更好更有效地处理所遇问题。

"要事第一"，在乔布斯这种管理理念的贯穿下，苹果计算机公司走出了低谷，迎来了第二春，用一句媒体的评论来说："苹果计算机公司本应该同数百家依靠自己专利技术的早期计算机公司一起被扔进旧货交易市场，但是，几十年来，它却依靠自己的技术活了下来并且变得日渐强大，开创出了全新的电脑和电子消费产品市场，而且这一市场比它在 20 世纪 70 年代开拓的个人计算机市场要大得多。"

"年轻人"这三个字意味着你有很多重要的事情要去做，而不是你还有很多时间可以去随意挥霍。做最重要的事，绝不将时间浪费在无关紧要的事情上。乔布斯已经用自己的成功向年轻人证明了这个行为准则的有效性。

如果没有明天

这个世界上的很多事情都是不平等的，但时间不同，穷人过一分钟，富人也是过一分钟。穷人珍惜生命中的每一分钟，照样可以过得充实；富人贪图享乐胡作非为，时间就不会在他的生命中留下任何痕迹。

一个骆驼商队在沙漠里行走，空中突然传来一个遥远而神秘的声音："抓一把沙砾放在口袋里吧，它会成为金子。"有人根本不信；有人将信将疑，抓了一把放在口袋里；有人完全相信，尽可能地抓了一大把沙砾放在袋里。旅途在继续。没带沙砾的走得很轻松，而带沙砾的则走得很沉重。时间一天天过去，他们走出了沙漠，带了沙砾的人打开口袋一看：那些粗糙沉重的沙砾果然变成了金灿灿的金子！

在每个人漫长而又短暂的一生中，时间就像这则寓言中的沙砾，唯有珍惜时间的人，才能将这些普通的沙砾变成金子。

由于患了癌症，乔布斯的生命比很多人都短暂，但他却用短暂的生命完成了绝大多数人都无法完成的事情，原因就是他珍惜每一天。

"我17岁的时候，读到了一句话：'如果你把每一天都当作生

命中的最后一天去生活的话，那么有一天你会发现你是正确的。'
这句话给我留下了深刻印象。从那时候开始，每天早晨我都会对
着镜子问自己：'如果今天是生命中的最后一天，你会不会完成你
今天想做的事情呢？'"

有一次，乔布斯在一所大学做演讲，但与他以往的滔滔不绝
不同，他的思路这次有些混乱，因为他被台下一位有着满头金发
的美丽女士吸引住了。活动一结束，乔布斯就去跟这位女士聊
天，并且交换了电话号码。

但当乔布斯开口约这位女士共进晚餐时，女士恰好还有其他
事情。乔布斯只好作罢，准备驾车离开。但是在发动汽车之前，
他问了自己一个"老问题"："如果今天是我这辈子的最后一天，
我要做些什么？我是去参加一次商业会议呢？还是要与这位女士
在一起？"答案出来了，乔布斯马上跑回去，再次约这位女士共
进晚餐。"好吧。"她答应了。"我们就这样走在了一起，从此再
也没有分开。"乔布斯后来在谈及自己的家庭时这样说道。这位
美丽的女士，就是乔布斯的妻子——劳伦。

"提醒自己快死了，是我在人生中面临重大抉择时所用的最
重要的方法。因为几乎每件事——所有外界的期望、所有的名
声、所有对困窘或者失败的恐惧——在面对死亡时，都会烟消云
散，只有你内心最真实的想法才会留下。"

"如果今天是生命的最后一天……"，我们应该庆幸，还能在
前面加个"如果"，所以我们更应该珍惜时间，等到没有了
"如果"……

一名重病患者正处于他生命的最后一刻，黑夜中，死神如期

地来到他的身边。他再三央求死神再给他几分钟的时间，让他最后再看看这个世界，让他想想家人和朋友，让他再做一件他还没来得及做的事情……

死神断然拒绝："因为这一切都留了足够时间给你去做，你却没有珍惜。不信听一听我给你列的人生记录表：在 60 年的时间里，你有 30 年在睡觉。而在其余的时间里，你曾叹息时间过得太慢的次数是一万次，包括你上学的课堂上、上班时间以及中年等待升迁上。你打麻将总共耗去了 6500 个小时，喝酒、应酬的时间也差不多。看电视、闲逛、在马路上看人下棋、跟人闲聊……"

死神还要念下去的时候，发现病人眼中的生命之火已经熄灭，他不由得长叹了一口气，说："如果你活着的时候能节约出一分钟时间的话，你就能听完我给你记下的记录表了。世人怎么都这样，总等不到我动手，就后悔死了……"

很多年轻人总是抱怨自己不是"富二代"或者"官二代"，抱怨这个世界不公平。其实在人生最珍贵的财富——时间分配上，每个人都是公平的！

青春短暂，早点沉下来

青春是一段美好的时光，任何处在这段时光里的人都有资本去做自己想做的事情，可以去学习，也可以每天在街上闲逛。不论你选择干什么，做多荒诞可笑的事情，青春都会匆匆忙忙地过去，你不想结束，但时间不会停止。

乔布斯的养父母领养他时曾做过保证：你一定会上大学。所以他们一直努力工作，为他的大学专款省吃俭用，等到乔布斯高中毕业时，这笔专款虽不多，但也足够支付他上大学的费用了。但是任性的乔布斯一开始根本不想上大学，后来则坚持只去里德学院，那是一所位于俄勒冈州波特兰市的一所私立文理学院，是全美最贵的大学之一，根本不是乔布斯的养父母能够承受的，但是他们的儿子下了最后通牒：如果他不能去里德学院的话，那么他就哪儿都不去。

当时，里德学院的在校生只有1000人，规模还没乔布斯的高中大。学校以自由精神及嬉皮士生活方式著称，学术标准及核心课程却非常严格。里德学院的很多学生都把打开心扉、自问心源、脱离尘世这三条告诫奉为座右铭。学校在20世纪70年代的退学率超过了三分之一。

当时 17 岁的乔布斯花光了父母所有的钱，如愿进入了里德学院。

1972 年，乔布斯要开学时，他的父母开车带他来到了波特兰。但他又做出了叛逆的举动：拒绝父母送他进校园，并且连"再见"和"谢谢"都没有说。后来乔布斯回想起这件事情的时候，充满了愧疚："这是我一生中真正让我觉得羞愧的一件事。我当时不够体贴，伤害了他们的感情。我不该那么做的。他们为了能让我去那里读书竭尽全力，但我就是不愿意他们在我身边，我不想让任何人知道我有父母。我就想像个搭火车四处流浪的孤儿一样，突然出现在校园，没有根，没有与外界的联系，也没有背景故事。"

可惜当时的乔布斯没有后来的觉悟，他在学校里每天浑浑噩噩，只听自己喜欢的课，素食，研究禅宗和哲学，嗑迷幻药，仅仅六个月后就被学校勒令退学。

乔布斯退学后仍然待在校园里，他住在学生公寓的空房子里，无所事事。在那个时代背景下，他很容易就变成了一个嬉皮士，他的教务长杜德曼是这样回忆乔布斯的："他除了那副伶牙俐齿令人难以招架之外，还拒绝接受一般人早已信服的真理。简单地说，他是一个十足的叛逆者！"

这种放荡的生活方式令乔布斯的生活非常窘迫，他有时甚至需要靠捡垃圾卖钱来维持生活。即便如此，他的思想依旧叛逆，脑子里依然充满了各种奇思怪想。他曾一度想当歌手，也动过去当时的苏联创业的念头，甚至为了得到一点食物，他每周日都步行很远到当地的一个印度教寺庙去吃免费的素食。

　　1974 年，乔布斯最终回到家里，之后他应聘到一家名叫"阿塔里"的电子公司工作。攒够了路费后，他突然找到公司负责人说，要去印度见识一下那里的宗教圣人。于是他故意光着脚、穿着破烂的衣服到了印度。这次远行，让乔布斯亲眼看到了当地穷人面对命运的无助，他的心灵受到了前所未有的震撼。从印度回来后，乔布斯几乎变了一个人。他沉默寡言，整天穿着橘黄色的外袍，头发也剃光了。也就是从那时候开始，他暗暗决定以一种与过去不同的全新方式从头做起，结束之前的荒诞生活。

　　乔布斯后来的故事大家都知道了，苹果、NeXT、皮克斯，我们用的 iPhone、iPod、iPad 等产品都是他"沉下来"以后的杰作。

　　年轻人正处于热血沸腾的青春年华，如果要求他们像机器人一样每天准时吃饭、学习、工作是不现实的，年轻人做多荒诞的事都可以理解，但一定要把握住自己，及时刹车。青春短暂，如果不早些沉下来做该做的事，一辈子可能就这样浑浑噩噩地过去了。

能活着就很幸福

幸福是个比较级，当年轻人整日抱怨自己生活不顺心的时候，不妨想想那些因意外事故失去生命的人，他们可能比你更年轻，可能比你更富有，但是他们已经再也没有品尝美食、欣赏音乐、呼吸空气的资格，而你至少还活着，还可以做很多事。

乔布斯说："没人想死，即使想去天堂的人，也是希望能够活着进去。"

2003 年 10 月，乔布斯偶然碰到了自己的泌尿科医生。她让乔布斯做一下肾脏和输尿管的 CAT 扫描，因为乔布斯上一次做还是在五年前。这一次的扫描显示乔布斯的肾脏没有问题，但却意外发现他的胰脏上有一层阴影。于是，她想给乔布斯安排一次胰腺检查，但乔布斯并未听从，他总会刻意忽视自己不想处理的事情。医生坚持一定要做检查："史蒂夫，这很重要，你需要检查一下。"

医生的语气十分迫切，乔布斯不得不听从。他一大早就去了医院，在研究过扫描结果后，医生们告诉他一个坏消息，他的胰脏上有个肿瘤。其中一位医生甚至建议他尽快安排好后事，换言之，就是说乔布斯只有几个月的寿命了。

　　就在乔布斯被打击得万念俱灰，大脑一片空白时，当天晚上，医生们将内窥镜从乔布斯的喉咙放入肠内，以便将一根探针深入他的胰脏，从而获取一些肿瘤细胞，进行活组织切片检查。检查结果出来后，医生们高兴得哭了，因为那是胰岛细胞瘤或是胰腺神经内分泌肿瘤，很少见，但生长较慢，因而更容易成功治愈。乔布斯很幸运，及早发现了这一肿瘤，这也算是定期肾脏检查的意外发现，这样，医生就能够在肿瘤大面积扩散前进行手术切除。

　　就这样，从几个月内就要离开这个世界，到又有了活下去的希望，这大起大落，从无到有的过程让乔布斯生出不少感悟，也让他对生命有了更多的理解："活着是一件十分难得的事情，不妨用所有的方式来表达生命的意义。"

　　2004 年 7 月 31 日，乔布斯在斯坦福大学医学中心接受了外科手术。手术后的第二天，乔布斯就在医院病房给公司员工发了一封邮件，宣告自己完成了手术。他安慰员工们，自己所患的胰腺癌类型在每年确诊的各种胰腺癌病例中只占 1%，如果发现得及时（我就是），可通过手术切除治愈。他表示自己不需要化疗或放疗，并计划于 9 月复工。"在离开的这段时间，我已让蒂姆·库克负责苹果公司的日常运营，因此我们不应该乱了阵脚，"他写道，"我敢肯定，8 月份，我会经常联系你们中的一些人，并期待在 9 月见到你们。"

　　在相当于重新拥有了生命后，乔布斯没有选择好好享受这剩下的宝贵时光，而是希望以最快的速度再次投入到工作中，甚至不愿意多耽误一天时间。

　　活着就是为了改变世界，而改变世界对乔布斯来说就是他生命的意义，是最幸福的事情。这种精神和觉悟是现在的年轻人最应该学习的。能活着本身就是一件很幸福的事情，如果能在有限的时间里做一些能够体现自身价值、有意义的事情，你的生命将洒满阳光。

做你该做的事，直到离开这个世界

曾经有两位哲人游说于穷乡僻壤之中，对前来听教的人说了一句流传千古的话："不要为明天的事烦恼，明天自有明天的事。只要全力以赴地过好今天就行了。"

在这个世界上，有许多事情是我们所难以预料的。我们左右不了变化无常的天气，却可以调整自己的心情；我们不能控制机遇，却可以掌握自己；我们无法预知未来，却可以把握现在；我们不知道自己的生命到底有多长，但我们却可以安排当前的生活。所以不要去想明天会怎么样，把今天该做的事情做好就可以了。

在做肝脏移植手术之前，乔布斯曾和家人租用游艇去墨西哥、南太平洋或地中海度假。乔布斯十分讨厌所乘游艇的设计，因此他们会缩短行程，然后飞到康娜度假村。

那次旅行之后，乔布斯自娱自乐地开始设计，想要建造一艘自己设计的游艇。2009 年他再次病重时，这个计划一度搁浅。"我认为我活不到它造好的那个时候了。"他说，"那让我非常悲伤，但是我又觉得做这个设计是件有意思的事，而且也许我侥幸可以活到它造好的时候。如果我停止设计，然后我又多活了两年，我会气疯的。所以我就坚持了下去。"

　　乔布斯设计的游艇依旧是他崇尚的简约风格，呈流线型，柚木夹板平直完美，不加任何装饰物。就像苹果商店一样，船舱的窗子几乎都是从地面直到天花板的大块玻璃，而主要生活区设计有 40 英尺长、10 英尺高的玻璃墙。他让苹果商店的总工程师设计了一种特殊的可以支撑船体结构的玻璃。

　　当时这艘船已经交由荷兰的游艇定制公司 Feadship 建造，但是乔布斯仍然在对设计改来改去。"我知道有可能我会死掉，留给劳伦一艘造了一半的船，"他说，"但是我必须继续做下去。如果我不这么做，就是承认我快要死了。"

　　"如果我停止设计，然后我又多活了两年，我会气疯的。"上帝恩赐他多活两年，他反而会被气疯，只因为他在这两年没有做自己该做的事情，这就是乔布斯。他没有夸夸其谈，他真的工作到了身体还能承受范围内的最后一刻。

　　就在乔布斯离开我们的前两三个月，他还有很多想法和项目要付诸实施。他想颠覆传统的教科书产业，为 iPad 开发电子教材和课程资料，拯救那些背着沉重的书包蹒跚而行的学生们的脊柱。他还想跟最早的麦金塔团队的朋友比尔·阿特金森合作，设计新的数码技术，改善像素水平，使人们即使在光线不足的情况下，也可以用 iPhone 拍摄出满意的照片。他还想把自己在电脑、音乐播放器和电话方面所做的创新移植到电视机上，让它变得简洁典雅。"我想发明一种非常简单实用的一体化电视机，"乔布斯说，"它可以跟你所有的电子设备以及 iCloud 无缝同步。用户将无须再摆弄复杂的 DVD 和有线电视的遥控器。它将具有你能想象到的最简单的用户界面。我已经开始着手做这件事了。"

2011 年 7 月，乔布斯的癌细胞已经扩散到了骨头和身体的其他部分，医生们很难找到对症的药物去治疗。他很疼，筋疲力尽，不得不停下了工作。

乔布斯已经做得足够好了，在生命的最后时刻，他有无数的理由去享受，他还有无尽的财富供他享受，他可以到世界各地去接受"果粉"的顶礼膜拜。但是乔布斯没有，一直到最后他还在想着苹果，想着工作，想着改变世界。

乔布斯都尚且如此，我们作为一无所有的年轻人，有什么理由和资格懈怠？

第九章
有时候，团队需要一个"独裁者"

想要带好一个团队，民主是必要的，但拥有一个具有"一锤定音"能力的领袖更加重要。

虽然专制，但能驾驭局势

每一个领导者都会有粗暴专制的一面，但是粗暴专制是有负面作用的，能否驾驭这种粗暴专制所带来的负面因素是震慑者和暴君两者之间的最大区别。乔布斯显然属于前者。

乔布斯有天使的一面，但在员工面前恶魔的一面更多一些。这一点，从惠普跳槽而来的杰夫·库克深有体会。杰夫·库克在面试时见识到了乔布斯天使的一面，他彬彬有礼，而且很理性，他说个人电脑对社会的冲击才刚刚开始，要想得到全社会的认可，个人电脑就要像烤面包机一样易于使用。但是，从到苹果公司的第一周起，杰夫就感受到了乔布斯恶魔的一面。在惠普公司，一般是杰夫制订计划并实施，但在苹果公司，杰夫发现一切决策都要由乔布斯认可。

在评估杰夫和他的团队的第一次会议上，乔布斯走进来，走到主席台前说道："服务业务在我们公司糟糕透顶，服务部的业务人员根本没脑子。"乔布斯暴躁专制的一面开始显露，会议室内的经理们吓呆了，随后杰夫硬着头皮讲述了他为期三个月的改革计划。

"杰夫，那也许是你在惠普的工作方法，"乔布斯说，"但我不要三个月，我想在一夜之间发生巨变。"

可见乔布斯的专制有多么的强烈。当然这种粗暴专制的领导方式在很多企业都会存在，但是真正能够驾驭因为专制而引发的不利因素的领导者尚属少数。乔布斯就是这少数人中的一个。

1998 年，杰夫上任之后，接管了一个"苹果急救行动"的项目，这个项目允许用户在签署一项合同后可以享受无限次的电话技术支持。但在经济上对苹果公司而言，这是一项糟糕的举动，乔布斯遂下令取消。

乔布斯粗鲁地想要和一家供应商断绝往来。杰夫表示反对，因为那样做会使苹果公司面临诉讼危险，而且会使公司的库存积压。

"给他们打个电话，让他们去死吧！"乔布斯根本不怕诉讼。

杰夫问："那些已达成协议的客户怎么办？"

"让他们去死吧！"乔布斯说。

后来，联邦贸易委员会就这一事件把苹果公司送上法庭，苹果公司败诉。

这是乔布斯在苹果公司的一次粗暴的决策。即使会受到诉讼，也依然会选择与供应商断绝来往的这种魄力是专制但也是其驾驭负面因素能力的最好的体现。

翻看一下乔布斯重返苹果公司的这段历史，我们就会发现乔布斯经常采取粗暴的方式管理这家公司。比如，在乔布斯重返苹果公司一段时间后，公司的文化发生了较大的变化，乔布斯的权威在不知不觉中已经渗透到公司的各个角落。整个公司步调一致，好像跟着一个人的观念在走，从禁止吸烟到素食食品，再到电视广告的编辑，几乎所有的事情都逃不出乔布斯的视野。但是，如果换一个角度，"让他们去死吧"也可以解读为"你赶快去干吧"。乔布斯重返苹果公司之后，苹果公司百废待兴，乔布斯必须迅速扭转局面，他要不断试错，不断调整，他没有时间去解释，他可能也不喜欢去解释，在这种情况下，粗暴的专制也许是最有效的领导方式。

当然，这样的专制确实有着它不利的一面，如果处理不好，就会造成很坏的后果。因此，作为一个领导者，必须谨慎对待，有效控制不利因素的发展。

亨利·福特是美国汽车业的一面旗帜，他改变了美国人民的生活方式，是美国人民的英雄，被誉为"20世纪最伟大的企业家"。但是，福特在管理上的专制和他与员工之间的对立状态，却使得他的企业蒙受损失。福特有一个错误的观念，在他眼里，员工无异于商品，对于不服从命令的员工可以随时扔掉，反正只要出钱，随时能够再"买进"新的员工。

1908年，独霸天下的福特 T 型车诞生了。随后，T 型车极其迅速地占领了汽车市场，而福特汽车公司也一举登上了世界汽车行业第一霸主的宝座。

成功和荣誉使福特变得更加傲慢无礼，他认为自己的所有员工都只是花钱雇来的，所以员工假如不绝对服从自己，就只能让他离开。在近20年的时间里，福特公司只向市场提供单一色彩、单一型号的 T 型车。他的销售人员多次提出增加汽车的外观色彩的建议，但福特的回答是："不管顾客需要什么颜色的汽车，我只有黑色的一种。"

　　因为不愿意适应市场需求去改动自己的汽车设计，福特公司就这样停止了前进的脚步。因为福特的独断专行，员工也都纷纷离职。1928 年，亨利·福特为他的独断专行付出了巨大的代价，福特公司的市场占有率被通用汽车公司超越。

　　年轻人由于经验不足初当领导时往往会拿捏不好分寸，其实最好的领导方式应该是空气式的领导。空气看不见摸不着，所以不给人没有意义的压力，正如好的领导给员工的压力是生活所必需的压力，是员工自我鞭策自加的压力；但空气却无处不在，人们离不了空气，当一个企业离不开某个领导时，说明了该领导对公司发展的价值。领导的思想、理念，所传递的制度规范也要弥漫在企业的每个角落，能达到这种境界的领导才是真正高明的领导。

刻薄是为了品质和高效

很多企业的领导者在管理上或多或少都会有一些苛刻之处，他们为了企业的效益和自身利益的最大化，往往会制定一些不太近乎人情的制度。而乔布斯的苛刻、刻薄、强硬却往往都是为了工作的高效和产品品质的高标准。

乔布斯采取的是强硬的领导风格，但这都源于他对工作要求的高标准而不仅仅是为了让企业的利益最大化。比如，他讨厌冗长的会议，或就鸡毛蒜皮的小事讨论个不停，他希望能快速找到一个解决问题的方法，在做出决定后，立刻转移到下一个问题，且不要再回首从前。

在苹果公司，早在 20 世纪 80 年代就有了弹性工作制，但是最后却被乔布斯取消了。

乔布斯取消弹性上班制时阐述了他的理由："当我同意实行弹性上班制时，是在一个明确的前提下，也就是这是个最有效的方法，可以完成极专业化品质的工作。但这个小组在过去的 60 天里并未显示出其应有的工作品质，因此从明天起，每个人都必须在早上十点前准时上班，不得有任何例外。"

可见，乔布斯对高效率的要求。当然，尽管马上做决策是乔布斯的一贯风格，但是如果你坚持自己的反对意见，并说明他错的理由，仍然可以说服乔布斯收回成命，不过你必须大力反击才办得到。正如《硅谷狂夫——乔布斯和苹果电脑传奇》一书中所描写的，因为乔布斯的那种脱口而出的攻击随时都可能出现，所以苹果公司的员工必须得学会随时准备应战，不但要思虑周全，而且要口齿伶俐地为自己的观点辩护。

乔布斯是一个完美主义者，在他的眼里只有更好没有最好，所以只要能有改进的空间，他总是要求他的员工尽最大的努力做到最好，哪怕是一个小小的细节，乔布斯也不允许有一点瑕疵。

一次，乔布斯要求一位设计师在设计一款新 Mac 电脑时不能有任何可以看得见的螺丝露在外面。在这位设计师设计出的产品原型中，有一枚螺丝藏在了一个把手下面，结果乔布斯马上让他收拾东西走人。

正是由于乔布斯的这种严苛，才使得苹果公司创造出的每一个产品都堪称完美。也许乔布斯的管理方式不太合理、不近人情，但是他那种做事高效、追求品质的风格是值得年轻人学习的。而且，因为他的这种做事高效、追求品质的风格是正确的，所以真正优秀的人是不会计较他的刻薄和强硬态度的。

一个成功的领导者，只要他所追求的是正确的事，即便是态度恶劣也总会获得员工的理解甚至是尊重。乔布斯所有的强硬和刻薄其实都源于他对自己兴趣和梦想的热忱，所以，即使他强硬的管理方式让人受不了，但依然会有人愿意追随着他。他也因此树立了自己的威信，同时促使自己的员工变得同样高效。

苹果公司的竞争对手微软公司的 CEO 比尔·盖茨虽然不像

乔布斯那样强硬，但是他的管理风格也是"高压式"的。比尔·盖茨很少赞美员工，通常都只是批评，他总是给予员工极大的压力，员工一旦出错，他绝不手软。

一方面，盖茨给予员工高度的外在物质福利与内在成就动机的满足来作为奖赏；另一方面，盖茨喜欢采用批评、威胁的方式管理员工，并且在微软公司内部推行"立即惩戒"与"固定的淘汰率"制度。盖茨赏罚的目的极为明确：并不是希望员工由此对他产生崇拜，而是希望通过各种赏罚制度，将员工行为导向企业经营目标所期望的发展方向。

比尔·盖茨就是利用独树一帜的达尔文式的"高压"管理风格，使得微软公司不断成长壮大起来。"充分利用员工，直到榨不出一滴油为止。微软公司最终能够留住的都是些适合公司发展要求，也能经得起磨炼的比尔·盖茨想要的人才。"这正是许多人对盖茨管理方式的评价。

真正优秀的领导者是那种能将自己的员工培养成优秀领导者的人，即便他的管理风格十分强硬，只要能带领员工走向更加优秀的领地，他总会有真正优秀的追随者，并始终能够达到他所想要达到的目标。

要有一颗掌控一切的心

想要带好一个团队，民主是必要的，但拥有一个具有"一锤定音"能力的领袖更加重要。如果大家各自有各自的想法，谁都说服不了谁，团队就失去了凝聚力，战斗力也会在内部消耗中下降，更别说达到1+1>2的效果。

大家可以发表自己的看法，可以争论，但一定要有一个权威领袖综合大家的看法，做出最终的选择，这样才能为团队指明前进的方向，让大家的劲往一起使。"将乃军之魂""千金易得，一将难求"就是这个道理。

不管是对公司还是产品，乔布斯都有一种"彻底掌控"的欲望，虽然有些时候因为他的错误决策造成了很大的损失，但是他大部分的"独裁决策"还是正确的，具有前瞻性的，否则苹果公司也不会有现在的规模和成就。

在乔布斯看来，一台电脑要做到优秀，它的硬件和软件是必须紧密联系在一起的，如果为了兼容其他的软件而牺牲一些功能是一件很悲哀的事。只有一体的、端到端的、软件是为硬件量身定做的、硬件也是为软件量身定制的电脑才是最好的。正因为如此，麦金塔与微软以及后来谷歌的安卓大不相同，麦金塔的操作系统只能在自己的硬件上运行，而微软和安卓的操作系统则可以在很多不同厂家生产的硬件上运行。

ZDNet 的编辑丹·法伯说："乔布斯是一个固执的杰出艺术家，他不希望看到自己创造的东西被二流的程序员给糟蹋了。这就好像街边的某个人在毕加索的画作上涂了几笔或是改写了鲍勃·迪伦的歌词一样。"苹果公司后来的 iPod、iPhone 和 iPad 都继续贯彻了乔布斯"软硬件结合一体化"的理念，并且从诸多竞争对手中脱颖而出。

早在研发 Apple II 时，乔布斯和沃兹尼亚克就在是否应该设置扩展槽的问题上产生了争论，沃兹希望用户能在电脑主板上插入扩展卡来增加一些新功能，乔布斯则极力反对，他希望能够完全掌控用户使用电脑的感受，而有了扩展槽后就会有许多他未知的不可控的东西。沃兹最终在那场争论中获得了胜利，Apple II 上有八个扩展槽。由于后来的麦金塔电脑是属于乔布斯的，他不希望看到有人往扩展槽里随便插上电路板，破坏他的优雅设计，所以麦金塔不仅没有扩展槽，用户甚至都不能打开机箱碰到主板。这对于业余爱好者或者黑客来说就少了很多乐趣。

1982 年被乔布斯聘请到苹果担任市场策划的贝里·卡什，在谈到麦金塔时说："这反映了他喜欢掌控一切的个性。史蒂夫在谈到 Apple II 的时候会抱怨说：'我们没有控制权，只能看着那些人对它做疯狂的事情。我再也不会犯这种错误了。'"为此，乔布斯甚至设计了专门的工具，这样的话用户就无法使用常规的螺丝刀来打开机箱。"我们要把这台电脑设计成只有苹果的员工才能进入箱子内部。"他告诉卡什。

除了没有设置扩展槽外，乔布斯还取消了麦金塔键盘上的光标方向键，如果想要移动光标，唯一的方法就是使用鼠标。这就逼着一些传统的用户开始学习适应操作鼠标，后来的事实证明即使用户不情愿，这样做也是正确的，鼠标成为控制电脑的主要硬件。

因为乔布斯的"独裁""固执""掌控一切"，所以他总能把制造伟大产品的激情摆在比迎合消费者的欲望更为重要的位置上。这就是一名优秀领袖的作用。

年轻人虽然现在很难做到领袖的程度，但一定要有当领袖的意愿，有一颗掌控全局的心，这样才能站在更高的地方观察局势，思考问题，否则一个只知道听从命令、埋头苦干、不多加思考的"马前卒"，是永远不会成为领袖的！

做一个了不起的震慑者

在现代管理过程中，多数企业的老板都趋向于采用柔性管理。柔性管理体现了一种大爱，一种亲和力，能从情感上让人愿意追随，并产生依附和忠诚。柔性管理最大的特点在于它主要不是依靠权力发号施令，而是依靠人性解放、权力平等、民主管理，从内心深处来激发每个员工的内在潜力、主动性和创造精神。但乔布斯却是一个彻彻底底的硬性管理主义者，只要他不满意，他就会采用强硬的手段来达到自己的目的。

1978 年左右，喜好恶作剧的托格纳志尼有一天到苹果公司，拿出了一个抄袭的程序来跟大家开玩笑，同事们就围在机器旁边喧闹。不一会儿，乔布斯走了进来，他像连珠炮一样骂个不停，说他们浪费公司的时间，专做些无聊的玩意儿。

乔布斯常常痛骂下属，有时会做得很过分，这一点在他年轻时尤为突出。在苹果公司到处流传着关于乔布斯偏执、坏脾气，甚至专横的小桥段。比如"电梯裁员传说"：

传说乔布斯只要进到电梯，如果有员工进来他不认识的话，他就会问你叫什么？你在这儿做什么？你在这儿做这个东西有什么意义？你做这个东西有什么优点和缺点？一大堆问题需要在狭小的空间，不超过十几秒的时间内回答。如果员工不能迅速准确地回答乔布斯的这些问题，乔布斯就会无情地告知——你被解雇了，明天不要来上班了。

斯坦福大学社会心理学家罗德里克·克拉默提出了一个词——"了不起的震慑者"。克拉默认为，了不起的震慑者通过恐惧和威胁来激发员工的潜力，但他们又不仅仅是靠简单的威吓，而是通过自身的行为气质而产生威慑力。乔布斯对员工无情，不留情面，他喜欢用"硬权力"来实现目标。可以说，乔布斯是一个不折不扣的让人恐惧的震慑者，但是他是一个了不起的震慑者。

苹果公司前首席科学家拉里·泰斯勒评价乔布斯说："乔布斯用恐吓和尊重来管理员工。1985 年乔布斯离开苹果公司的时候，公司员工对此事的感受非常复杂。每个人都曾受到过乔布斯的威胁，因此，'恐怖分子'即将离开使他们在一定程度上产生了解脱的感觉。但是，另一方面，这些人同时也非常尊敬乔布斯。我们都很担心，没有了这位富有远见的领导，没有了这位公司创始人，没有了他的魅力，公司将会出现什么情况？"

可见，乔布斯用他的强硬带给员工的不仅仅是压力，更是潜力的激发。就是因为乔布斯近乎苛刻的设计要求，才创造了完美的细节和绝妙的创意融合出的杰出产品 iPod。所以，震慑者不应只是制造压力，最关键的应是激发员工的潜力。罗德里克·克拉默发现，很多 CEO 都渴望得到这种力量，有的员工可能很喜欢那种友好型的领导，但是也有员工常常希望能够有人痛骂自己一顿，以便更好地完成任务。

很多时候，伟大是被逼出来的，有很多伟大的公司都是被震慑者"逼"成功的，苹果公司就是被乔布斯这个了不起的震慑者"逼"向巅峰的。也许很难有人会理解乔布斯的做法，正如乔布斯的老朋友海蒂·罗森描述的那样，永远没有人可以融入乔布斯的世界，他随时都可能因为你说出一些什么话，就轻视你。到那时，你在他心中就与傻瓜无异了。乔布斯可以牺牲任何人。但不管外界如何评价他，贬低他，乔布斯仍有魅力让人愿意追随他。这是一种让人上瘾的感觉，如同吸烟一样，虽然对身体有害，但是仍旧喜欢。

对于年轻人来说，最重要的就是要分清谩骂和震慑的区别，不要一味地模仿乔布斯。乔布斯之所以脾气那么暴躁还能够得到那么多员工的尊重，一是因为他有成绩，是他一手将苹果带到了巅峰；二是乔布斯以身作则，他工作很勤奋，总是严格要求自己。正因为有这两点，所以乔布斯有批评别人的资格，被批评的人也愿意接受。年轻人如果想要做一个像乔布斯那样的"了不起的震慑者"，一定要先做好这两点。

物质和精神共同激励

杰出的领导者必须善于激励员工，为员工提供工作的动力。在乔布斯手下做事的人都干劲十足，就是因为乔布斯是一个非常善于激励员工的领导者。通常情况下，激励员工的方法主要有两种：一种是物质激励，即给员工提供丰厚的福利待遇；另一种是精神激励，即给员工提供精神上的各种支持。几乎所有的领导者都会运用这两种方法，但是却少有人能像乔布斯那样运用得如此如此出色。

2008 年，乔布斯在接受媒体采访时，有媒体向乔布斯问及"苹果公司员工的工作动力"，乔布斯如此回答："我们没有机会去做那么多事，而且每个人都应该极其优秀才行。因为这就是我们的生活。人生苦短，你总有一天会离开人世，对吧？因此，这就是我们为我们的一生做出的选择。我们可以在日本的某个寺庙里打坐，我们可以出海远航，（高级经理团队中的）某些人可以去打高尔夫球，他们可以管理其他公司，而我们都选择用我们的一生做这件事。因此，最好把它干得漂亮些。"

乔布斯拥有着与众不同的个人魅力，从他要改变世界的野心和对梦想的执着追求中便可窥见一斑。苹果公司的员工几乎都会被他这样的个人魅力征服。但是这还不够，乔布斯还会用"干得漂亮些"的这种哲学去影响自己的员工，使这些哲学成为他们的工作动力，成为苹果公司的基因。

苹果公司前产品营销主管麦克·伊万吉里斯特曾这样描写乔布斯："他有着无可挑剔的品位和卓越的设计感，这几乎影响着他所做的每一件事情。如果你恰好用过iDVD，你就经历了一个完美的例子——菜单主题。这些看似简单的模板是从世界一流的菜单设计公司精心设计的几百个作品中逐一挑选、比较，最后产生的。这几乎是一种痛苦，史蒂夫每周要带来一大堆被提议的方案，你要仔细地看，最后驳回所有的，除了那一个或两个。即使那些免于被驳回的一两个方案，也还需要额外的工作，让它们变得完美、伟大。"

这就是乔布斯的精神激励法。也许他不是刻意的，但是他确实做到了。除了精神激励，乔布斯在物质奖励上，也同样花费了巨大精力。这主要体现为给员工公司的股票期权。苹果公司曾有一个非常受欢迎的股票购买计划，即员工可以以自己的薪水为基础大量购买折扣股票。购股价格为自购股之日起往前数六个月内的最低价，外加一定的折扣，以保证购股人能够多挣点钱，结果是员工往往可以挣到很多钱。苹果公司的这种计划在硅谷将股票确立为奖励标准的进程中，起了很大的作用。

也许这是很多领导者都会选择的做法，但是却很少有人能够为了员工的福利敢于和董事会作对。

乔布斯离开苹果公司的那段时间里，苹果遇到了危机，股票不断下跌，这对员工的士气造成很大的影响。所以，重返苹果公司后，乔布斯的一个大动作就是立刻对不断下跌的股票进行重新定价，以阻止大批员工离开苹果公司。而当时，苹果公司的董事会成员表示反对，乔布斯为此与董事会展开了一场激战，努力争取让他们放弃。

现代社会，物质需求是人们最基本的需求，所以物质上的激励是每个企业都必须重视的。但随着人们思想的解放及对自我价值的追求，人们越来越注重精神需求的满足。所以，明智的企业领导者必须双管齐下，物质和精神共同激励，这样才能让员工产生归属感，才会吸引更多优秀的人才为企业保住充分而稳定的活力。只注重物质激励而忽视精神上的支持，和只注重精神上的支持而不采取任何物质激励的做法，很容易把企业陷入一种被动的状态，导致优秀人才的大量流失。

不管是创办企业还是带领一个小团队，乔布斯的物质激励和精神激励方法都是值得年轻人去认真学习的。

民主制造不出伟大的产品

大部分人都爱民主，因为民主尊重每个人的意见和想法，不会让一部分人没有存在感；民主做出的决定不会被骂，即使出错也有一堆人在前面顶着，法不责众。但是有一点我们不能否认，世界上还是普通人占绝大多数，而一个能够推动时代进步的、具有划时代意义的决策或者产品，却只有少数的天才能够做出来，这种情况下推行民主只会把伟大的东西毁了。

苹果公司在研发 iMac 时，设计师艾弗想要将 iMac 的外壳设计成曲线形的，并且还要是海蓝色半透明的。艾弗说："我们想要传递一种感觉，就是计算机能够根据我们的需求而改变，就像变色龙那样。这就是我们喜欢半透明的原因。虽然有固定的颜色，却又不呆板，可以一眼看到里面，有种调皮的感觉。"

乔布斯非常喜欢这个设计，他一直坚持要让芯片整齐地排列在电路板上，即使它们不会被人们看到也要这么做。现在，通过这个半透明外壳，人们将能够看到乔布斯对产品的用心。但是这种半透明的塑料外壳做起来十分复杂，艾弗和他的团队与苹果公司在韩国的制造商合作，力求制作出完美的产品，他们甚至还去了一家糖果厂，学习如何把半透明的色彩做得更有活力。更重要的是，这种塑料外壳每个的成本要超过 60 美元，是普通计算机外壳成本的 3 倍。如果是其他公司，就要对此进行专门的论证，讨论半透明外壳是否能够提升销量，并证明额外的成本是值得的。但乔布斯对于这种论证不予考虑，工程部门的反对他也一概不理，只因为他认为这是一个很棒的设计。

除此之外，乔布斯和艾弗还在 iMac 外壳的顶部设计了一个内嵌的提手，这是一项趣味性和象征意义远大于实用性的设计。因为这是一台计算机，不会有人总提着它乱跑。

如果是在乔布斯回归以前的苹果公司，艾弗的这项设计肯定会被否决。但是乔布斯看到这个设计后，只说了一句话："这太酷了！"而且艾弗还没向他解释为何要这么设计。

这个提手再次遭到了制造工程部门的反对，这些反对者得到了硬件总工程师鲁宾斯坦的支持。面对这个"异想天开"的设计，鲁宾斯坦提出了现实的关于成本的考虑。"当我们把做提手的建议交给工程部门时，"乔布斯说，"他们提出了 38 种不能这么做的理由。然后我就说：'不，不，我就是要这么做。'然后他们问：'那么，为什么？'我回答道：'就是因为我是 CEO，我认为这么做没问题。'结果他们就这么不情愿地照做了。"

除了海蓝色的外壳外，艾弗还为 iMac 设计出了四款看起来非常诱人的新颜色。为一款电脑配备五种颜色会为制造、库存、分销带来巨大挑战，对大多数公司来说，包括乔布斯回归之前的苹果公司，都会有专门的会议来讨论成本和利润的问题。乔布斯看到新颜色后非常激动，马上召集其他高管到设计工作室。"我们要使用所有这些颜色！"乔布斯兴奋地对他们说。后来艾弗回忆道："在其他公司，做这样的决定要花上好几个月，史蒂夫只用了半个小时。"

1998 年 8 月，iMac 正式发售，售价为 1299 美元，上市六个星期就卖出 27.8 万台，到年底已卖出 80 万台，成为苹果公司历史上销售速度最快的计算机。

曾经在苹果公司担任高级主管的让-路易·卡西说过一句评价乔布斯管理风格的话，令人印象非常深刻："民主不能制造出伟大的产品，你需要一位有能力的专制君主。"为乔布斯工作的人之所以能谅解他的独裁，最重要的原因是乔布斯完全投身于创造他梦想产品的事业中，并且总能创造出非常棒的产品。

现在的人尤其是年轻人大多都是自恋的，他们认为自己说的话都是对的，自己的看法和眼光是最有品位的，跟这样的一群年轻人一起合作，如果一味地推行民主，只会吵来吵去，谁都不服谁，乱成一锅粥，别说伟大的产品，连最普通的产品都搞不出来。这时候最需要的就是一位有能力的"铁腕人物"，判定大家意见的优劣，然后力排众议，选定一条通往光明的道路。

虽然我们现在可能不是最后压轴出场的"铁腕人物"，而是被"铁腕人物"力排众议排掉的其中一位，但我们年轻人一定要有这种欲望和理念，如果想最后压轴拍板，如果想按照自己的想法打造一件产品，那就努力提升自己，总有一天你会成为"铁腕人物"。

第十章
复杂的极致即简约

让我们做得简单一点，真
正的简单。

复杂的极致即简约

乔布斯认为，复杂的极致即简约。无论从 iPod 或 iPhone 的设计、苹果产品的包装还是苹果公司网站的设计上看，创新意味着删繁就简，突出精要。

苹果前任 CEO 斯卡利曾说过："乔布斯的方法论区别于其他所有人的地方在于，他总是相信你所做的最重要的决定不是你去做什么，而是你不去做什么。他是一个简约主义者。"

乔布斯从骨子里就是一个简约主义者。

受乔布斯的影响，在苹果，设计师们宁可放弃产品的一些附加功能，也不会让产品因新增特性而伤害了原本简约、流畅的用户体验。

1983 年的阿斯彭设计大会上，乔布斯发表了一篇以"未来绝对不会和过去相同"为主题的演讲，在演讲中他反复强调苹果公司的产品会是干净而简洁的："我们会把产品做得光亮又纯净，能展现高科技感，而不是一味使用黑色、黑色、黑色，满是沉重的工业感，就像索尼那样。我们的设计思想就是：极致的简约。我们追求的是能让产品达到在现代艺术博物馆展出的品质。我们管理公司、设计产品、制作宣传广告的理念就是一句话：让我们做得简单一点，真正的简单。"

苹果奉行的这一原则也在它的第一版宣传册上得到了突出："至繁归于至简。"

乔布斯认为，简约化设计的一个核心要素就是让人能直观地感觉到它的简单易用。设计上的简单并不总能带来操作上的简易。有时候，设计得太漂亮、太简化，用户用起来反而不会那么得心应手。乔布斯对设计专家们说："我们做设计的时候，最重要的事情就是让产品特性一目了然。"作为例子，他高度赞扬自己为麦金塔电脑创造的桌面概念："人们直观上就知道该怎么处理桌面。你走进办公室，桌子上有一堆文件。放在最上面的就是最重要的。人们知道怎么样转换优先级。我们在设计电脑的时候引入桌面这个概念，一定程度上就是想充分利用人们已经拥有的这一经验。"

微软创始人保罗·艾伦在披露微软早年历史的《谋士》一书中，还曾讲到这样一个故事：

微软帮苹果开发 Macintosh 版本的 Excel 软件时，艾伦到硅谷拜访乔布斯。乔布斯为艾伦展示 Macintosh 原型机和由鼠标控制的图形用户界面。

当艾伦看到乔布斯演示用的鼠标只有一个按键时，他好奇地问乔布斯："鼠标上如果有两个按键，是不是会更好？"

乔布斯回答说："保罗，你知道的，这完全是简约和复杂之间的取舍关系。没有人会在使用鼠标时需要两个或更多的按键。"

于是，多年来，苹果电脑配置的鼠标一直只有一个按键，与IBM 阵营的两键、三键鼠标截然不同。

近些年来，苹果又推出了 iPod、iPhone、iPad，但不管是什么产品，都体现了苹果的风格在于简约。

乔布斯曾经说过："一切都简化了，这正是我的信条——聚焦与简化。"

乔布斯在工作中追求着简约。其实不只是工作中要讲求简约，在生活中，我们也应该做一个"简约主义者"，去追求最简单的幸福。

在我们的一生中，会有许多追求和憧憬。追求真理，追求理想的生活，追求刻骨铭心的爱情，追求金钱，追求名誉和地位。有追求就会有收获，我们会在不知不觉中拥有很多，有些是我们必需的，而有些却是完全用不着的。那些用不着的东西，除了满足我们的虚荣心外，最大的可能就是成为我们的一种负担。

年轻人的心灵不应随着年龄、阅历的增长而越来越复杂，生活本身其实十分简单。幸福、快乐的生活源自内心的简约，简约使人宁静，宁静使人快乐。

简约的才是永恒的

如果我们仔细观察生活就会发现，世上所有的事情都在向着简约发展，不管是汽车、手机、电脑，还是人与人之间的交往或是社会秩序。简约并不意味着简单，正相反，越是简约的东西越是智慧的结晶，因为只有用心探寻事物的本质，才能发现，事物的本质往往是简约的。就如苏格拉底所说："我们的需要越少，我们越近似神。"

乔布斯是这种简约精神的狂热追随者，无论是他的生活还是他对产品的要求，都以简约为上。这也是他深刻体察事物发展规律的一种反映，花哨的东西只能吸引顾客一时，简约实用的东西才能吸引顾客一世。

苹果的每一项产品都是极尽简约的，乔布斯及其设计团队会花费很大精力在让产品更加简约上，尤其是在操作使用上，乔布斯要求设计师们做到让一个小学生都能很容易地学会。

苹果公司最初版本的 iMac 上网的设置非常便捷，使用者只需要经过两个步骤就能够连接到互联网。"没有第三步。"这个广告创意激发了 1998 年计算机行业的想象力，成为那 10 年中最有影响力的电脑广告，并让乔布斯的简约主义誉满天下。正如苹果设计师艾维所说："我们完全沉浸在寻找一种高度简化的设计方案中，因为作为活生生的个体，我们都懂得'简约'的定义。"

"iMac 电脑秉承苹果电脑一贯的简约风格，让你飞速上网。"乔布斯在做 iMac 演讲时说。同时，配合其演讲的幻灯片屏幕也极其简单："iMac 电脑，互联网为之欢呼雀跃；苹果电脑，时尚而简约。"

除了外形力求简约时尚外，乔布斯还会将相当大一部分精力用在简化用户界面上。设计 OSX 界面时，由于该系统对每个人来讲都是新的，为了让用户能够轻松上手，乔布斯将设计重点集中于简化界面。他要求将尽可能多的设置汇集在一处，将其放在一个"系统偏好"框中，而这种"系统偏好"框则放进了"Dock"导航元素中。然后，乔布斯又坚持尽量精简界面，去除不必要元素，简化视窗，保证视窗的内容而非视窗本身。最后只保留下来了几个主要的特征，其中包括设计团队花了好几个星期才开发出来的"单一视窗"模式。

"单一视窗"模式也是应乔布斯的要求而设计的。因为每次打开一个新的文件夹或文件，就会出现一个新窗口，很快就会让屏幕变得非常乱，乔布斯讨厌这种同时打开好几个窗口的效果。而"单一视窗"模式则会将所有东西在同一个窗口展现，不管用户操作的是哪个软件程序。

在进行新界面研发的过程中，乔布斯经常会提出一些看起来非常疯狂的想法。但是最后的事实证明，那些想法确实不错。有一次开会时，乔布斯仔细察看了每个窗口左上角的三个小按钮，这三个按钮的功能分别为关闭、缩小和放大窗口。一开始为了防止它们分散用户的注意力，设计师将这三个按钮都设计成了相同的浅灰色，但是这样一来，用户就很难区分这些按钮各自不同的功能。于是有人建议，在光标移到这些按钮上时，应通过触发特有的动画来说明它们的功能。乔布斯认为这个想法有点麻烦了，他提出了一个建议："就像交通信号灯一样，给这些按钮加上颜色：红色表示关闭窗口，黄色表示缩小窗口，绿色表示放大窗口。"这个想法我们现在看来很平常，因为我们使用的界面就是这样的。但是设计师们刚听到他这个想法时，都觉得太不可思议了。设计师瑞茨拉夫说："听到这个建议时，大家都觉得将交通灯与计算机联系在一起实在是太奇怪了。"但是没过多久，他们就发现乔布斯是对的。不同的颜色含蓄地表明了点击这些按钮的结果，且这些颜色所代表的含义，特别容易为用户所接受，尤其是红色按钮，它暗示着"危险"，这样就会给用户警示，不容易误点关闭按钮。这是一个又简单又实用的方法，而且又简化了操作。

"清水出芙蓉，天然去雕饰。"年轻人不管是做人还是做事，都要力求简约，而且要牢记一个原则：简约不是减法，而是一个质量不变压缩体积的过程。

少即是多

包豪斯美学认为，设计应该追求简约，同时具有表现精神，要通过运用干净的线条和形式来强调合理性和功能性，将艺术敏感性和大规模生产的能力结合到一起。

乔布斯是包豪斯风格的热情拥护者。1983 年的阿斯彭设计大会上，乔布斯在发表演讲时公开称赞了包豪斯风格的简单朴素，还预言了索尼风格的消亡。他反复强调苹果公司的产品会是干净而简洁的。

2010 年，即使在与癌症做斗争的时候，乔布斯仍然在为未来的店铺规划。一天下午，他向约翰逊展示了一张苹果在第五大道的零售店的照片。乔布斯指着两边的玻璃外墙说："这是当时流行的玻璃技术，但我们必须自己制造高压玻璃脱泡机。"然后他拿出一张图纸，图纸上 4 块巨大的玻璃代替了原来的 18 块玻璃。乔布斯说这是他下一步要做的，这是对美学与技术结合的又一次挑战。他说："用现在的技术，我们不得不让这个立方体外形矮一些。但是我不想这样做，所以我们必须在中国造一些新的玻璃脱泡机。"

约翰逊对这个提议并不感兴趣，在他看来 18 块玻璃要比 4

块玻璃好看。约翰逊说："这家店铺的外观比例刚好和通用汽车大楼的柱廊协调一致。它像一个珠宝盒那样闪光。我认为如果玻璃的透明度太高，也会成为一个错误。"他为此和乔布斯争辩，但无法说服乔布斯。约翰逊说："一旦技术有了新突破，他就要利用起来。而且，对史蒂夫来说，'少'永远意味着'多'，越简约越好。所以，最好就是能用更少的元素搭建起一个玻璃屋，不但更加简约，而且是站在技术的前沿。这就是史蒂夫最喜欢做的，无论是对于他的产品还是对于他的零售店。"

少即是多，不管是在艺术还是技术方面，都是乔布斯遵循的标准。

苹果决定开始研发 iPhone 手机，这对于一个在手机领域没有任何背景的公司来说，无疑是一次几乎不可能成功的挑战。但是乔布斯还是坚持要进行研发，因为在他看来，所有手机都过于复杂，简直无法操作。

所以，乔布斯很早就定下一个标准，苹果开发的手机只能有一个按钮。

在苹果每周一两次的总结会议上，研发工程师们一直在向乔布斯抱怨，一部手机只有一个按钮是不可能的事情。如果你只有一个控制按钮，你无法开机、关机、调节音量、转换功能、上网以及使用手机拥有的其他所有功能。

乔布斯对他们的抱怨完全不理，他只是不断地发号施令："这种手机只能有一个按钮，一定要想出办法。"对于手机到底该如何设计才会只需要一个按钮，乔布斯自己也没有什么想法。但是作为一个消费者，他知道自己就是想要那种手机。他不断驳回工程师的研发方案，要求他们必须想出解决方案。

最终的结果是：第一台 iPhone 手机只有一个操作按钮。

"少即是多"是一种在很多领域都适用的理念，因为这正是事物发展的方向和规律。年轻人应该学习下这种理念，至少能在穿衣打扮方面更有品位。

简单是为了专注

在现代社会，人们似乎总有忙不完的事情，当忙完后又发现大多数时间是做无效的工作。事实上，随着工作步调愈加复杂与紧凑，很多时候我们都将原本简单的问题复杂化了，给自己徒增麻烦。在这种情况下，保持简单是最好的应对原则。

简单思维，有一个较为有名的法则——"奥卡姆剃刀"。他的提出者奥卡姆·威廉有一句著名的格言："如无必要，勿增实体。"这不是教人们偷工减料，而是简化掉一些无用的工作，专注于最主要的事情，这样才能提高效率。

在重返苹果公司的第一年，乔布斯推出了"非同凡想"广告和iMac，向人们证明了自己的创意和远见还在，但是对于能否运营好一家公司，大家仍旧持保留态度，因为在此之前，乔布斯并没有表现出这方面的能力。

乔布斯开始投入到产品生产的每一个环节中，事无巨细，这让曾经和他共事过的人很惊讶，因为之前的乔布斯是那样桀骜不驯，世上没有任何条条框框能够约束他。力挺乔布斯回归的苹果董事长埃德·伍拉德后来回忆说："他成为一个经理人，而非之前的身份——高管或愿景师。他的改变确实让我又惊又喜。"乔布

斯的管理准则是"专注"。他取消了多余的生产线，去除了正在
开发的操作系统中一些无关紧要的功能。他还放下了对产品制造
过程强烈的控制欲，把从电路板到成品计算机的制造全部外包了
出去。但是这并不代表乔布斯开始当"甩手掌柜"了，相反，他
对供应商的要求极其严苛。

当乔布斯开始接管苹果公司的时候，产品的库存期已经超过
两个月，这比任何一家科技公司都要长。就像一些需要保鲜的食
品一样，由于技术更新换代非常快，计算机的贮存期限也很短，
如此长的库存周期会对利润造成巨大的损失，当时苹果公司的潜
在损失已经高达五亿美元。到 1998 年初，乔布斯已把库存期缩
短为一个月。

乔布斯削减了一些多余的项目，对剩下的每一个项目都倾注
了很多心血，严格要求，力求专注出精品。当他发现安邦快运下
属的一家分公司运送零件的速度不够快时，立刻就让苹果公司的
一个经理去终止合约。这位经理认为这样突然单方面终止合作可
能会导致法律诉讼，乔布斯根本不吃这一套，他对那位经理说：
"你就去告诉他们，如果他们糊弄我们，那他们永远别想再从我
们这儿拿到一毛钱。"一边是要面对乔布斯，一边是要因为毁约
被告上法庭，哪边都不好惹，被逼无奈之下，那位经理辞职了。
后来案子还是闹上了法庭，用了一年的时间才解决。

"如果我能继续待下去，我的股票期权现在会值 1000 万美
元，"后来那位经理说，"但是我知道我不可能拥有了——无论如
何，乔布斯都会把我炒了。"乔布斯要求新的经销商把库存减少
75%，最终也做到了，因为他们能感觉到乔布斯不好惹。"乔布

斯不能容忍丝毫差错。"这家公司的 CEO 说。有一次，当 VSLI
公司临时出现问题而无法按时送来足够的芯片时，乔布斯在会议
上大发雷霆，大骂他们是"没有生殖器的混蛋"。后来 VSLI 还是
准时把芯片送到了苹果公司。该公司的高管们还专门做了背后印
有"FDA 团队"（FDA 为英文 Fucking Dickless Assholes 的缩写，
意为"没有生殖器的混蛋"）的夹克衫。

其他公司的高管偶尔被乔布斯骂一次还可以自嘲取乐，苹果
公司的运营主管在和乔布斯朝夕相处了三个月之后，因为不堪压
力辞职了。在之后将近一年的时间里，乔布斯亲自负责运营，直
到后来他遇到了蒂姆·库克。

市值远超微软，作为最有价值的公司，苹果公司的产品并不
多，而且可以说是非常少，但每一款产品都是精品。这与他们的
CEO 乔布斯"简单""专注"的品质如出一辙。

小时候当有人问我们将来的理想时，我们会说"科学
家""画家""经理""老板"等等，说得越多，大人们就越会夸
我们有理想，将来会有出息。作为一个成年人，如果现在有人问
我们想做什么时，如果我们还说出一堆，不分轻重，只能说明我
们没有职业规划。

第十一章
我们都是艺术家

艺术就是深入，只要我们把任何一件事情做出精髓，做到极致，都可以称之为艺术。

每个人都可以生产艺术

乔布斯是一个崇尚艺术的人，即使做的是电子产品，他也希望自己做出来的东西可以放进艺术品展览馆。不仅如此，乔布斯还一直试图用自己的精神影响身边的人，希望每个工程师和设计师都像他一样，把自己当成艺术家，把每一件苹果产品都做成艺术品。

在乔布斯带领团队研发麦金塔电脑时，由于受到乔布斯强烈意愿的影响，麦金塔团队的每位成员都充满激情地想要制造出一台完美的艺术品。

"乔布斯认为自己是艺术家，他鼓励设计团队的人把自己也当成艺术家，"麦金塔研发团队的一名成员说，"我们的目标从来都不是打败竞争对手，或者是狠赚一笔，而是做出最好的产品，甚至比最好的还要好一点儿。"乔布斯还带着团队去曼哈顿的大都会博物馆参观蒂芙尼的玻璃品展览，因为他觉得，大家可以从蒂芙尼创造出可以量产的伟大艺术品这个例子中受益匪浅。"我们谈论道，这些玻璃制品并不都是路易斯·蒂芙尼亲手制作的，但他成功地将自己的设计传授给了别人，"另一位麦金塔团队成员说，"我们对自己说：'既然我们要制造产品，何不也把它做得漂亮点儿呢？’”

　　当麦金塔的最终设计方案敲定后，乔布斯把麦金塔团队的成员都召集到一起，举行了一个仪式。他说："真正的艺术家会在作品上签上名字。"于是他拿出一张绘图纸和一支三福笔，让所有人都签上了自己的名字。这些签名被刻在了每一台麦金塔电脑的内部。除了维修电脑的人，没有人会看到这些名字，但团队里的每个成员都知道那里面有自己的名字。乔布斯一个一个叫出大家的名字，让他们签名。伯勒尔·史密斯是第一个。乔布斯等到了最后，当其他45个人都签过名后，他在图纸的正中间找到了一个位置，用小写字母潇洒地签下了自己的名字。然后他以香槟向大家祝酒。"在这样的时刻，他让我们觉得自己的成果就是艺术品。"麦金塔团队的成员说。

　　艺术就是深入，只要我们把任何一件事情做出精髓，做到极致，都可以称之为艺术。年轻人要有乔布斯的这种"艺术家精神"，不要觉得艺术离我们很遥远，其实只要尽力把每件事情都做到自己理解范围内的极致，我们也可以成为艺术家。至于别人是否认为那是艺术，又何必在意呢？

让你的演讲成为一种艺术

　　乔布斯一生都在追求完美，追求技术与艺术的结合，他总要把他所做的每一件事情都做到极致，乃至达到艺术的标准。而他的很多次演讲和产品推介会，不管是现场气氛的调动还是独特的形式或是吸引人的语言，都堪称是一件艺术品。

　　1984 年 1 月 24 日，麦金塔的发布仪式与苹果年度股东大会在迪安扎社区学院的弗林特礼堂同期举行。

　　作为苹果公司的董事长，乔布斯首先登台，宣布股东大会正式开始。他用自己的方式开场："我想用鲍勃·迪伦 20 年前的一首歌来开场。"他笑了笑，然后低下头开始诵读《时代在变》的第二段。在诵读这 10 行歌词时，他的声音高亢，语速很快，直至结尾："……现在的失败者，会成为以后的赢家，因为时代在变。"这首歌让乔布斯这位千万富豪董事长保持住了自己"反主流文化"的自我形象。

　　接着，斯卡利上台汇报苹果公司的营收状况。他枯燥无味的讲话结束后，乔布斯再次上台，灯光暗了下来，他用一种戏剧性的方式，喊出了在夏威夷销售会议上的战斗口号："1958 年，IBM错过了收购一家羽翼未丰的公司的机会。这家小公司发明了一种被称为静电复印的新技术。两年后，施乐公司诞生了，IBM 从此追悔莫及。"观众都笑了起来。

随着乔布斯非常富有感染力的发言，现场的气氛逐渐被推向高潮，观众们从喃喃低语转为热烈鼓掌，最后开始疯狂地欢呼并高喊着回应。紧接着整个礼堂就突然陷入了黑暗，"1984"电视广告出现在屏幕上。广告播映结束后，全场起立，欢声雷动。

天生就知道如何激荡人心的乔布斯穿过黑暗的舞台，走向一张小桌子，桌上摆着一个布包。"现在，我要亲自向各位展示麦金塔电脑。"他说道，"接下来你们在大屏幕上所看到的画面，都是这个包里的东西实现的。"

展示结束后，乔布斯笑着说道："最近，关于麦金塔我们已经说得很多了，但今天，有史以来第一次，我要让麦金塔自己说话。"说完，他退到了电脑后，按下鼠标，麦金塔发出了有些颤抖但可爱的低沉声音，它成为第一台介绍自己的电脑。"你好，我是麦金塔。从包包里面出来的感觉真好。"它致以开场白。要说当时麦金塔还有什么不会做的事，那就是还不知道应当在观众爆发疯狂欢呼和尖叫的时候顿一下。它继续快速独白："我还不习惯公开演讲，但我想要和大家分享自己第一次见到 IBM 大型机时的感想：千万不要相信一台你搬不动的电脑。"欢呼声又一次响起，几乎淹没了麦金塔的最后几句话。"显然。我能说话。但是现在我想要坐下来聆听。接下来，让我非常自豪地请出一个人，他就如同我的父亲一样——史蒂夫·乔布斯。"

礼堂里一片喧闹，人们上蹿下跳，疯狂地挥舞着拳头，气氛热烈到了极点。乔布斯缓缓地点了点头，双唇紧闭但笑得很开心。接着他低下头开始哽咽。掌声持续了将近五分钟。

乔布斯创造的难忘的激情一刻被人们谈论了好几十年，这便是真正经典且富有激情的演讲的典范，这次演讲是一件当之无愧的"艺术品"。

乔布斯并没有一直煽情，也没有一直亢奋地嘶吼，但是他平实幽默的语言搭配匠心独具的形式，却能够让听众爆发出前所未有的热情。这种演讲发言的方式非常值得年轻人学习。

用技术打造艺术

技术与艺术往往会被人们看成两种完全不同的领域，大多数企业会觉得艺术只能起一种辅助作用，真正决定产品价值的是技术。但是乔布斯却不这样认为，恰恰相反，乔布斯喜欢用技术打造艺术，他认为好的产品设计来源于对美的不懈追求，用技术来保证质量，用艺术来提升品位。

乔布斯曾在接受《时代》杂志的采访时被问及"艺术与技术之间的差别"，他阐述了自己对艺术与技术的理解："我从来都不认为艺术与技术是相互分离的。达·芬奇是一位伟大的艺术家，也是一位伟大的科学家。我所认识的最优秀的十几个电脑科学家全都是音乐家。这些人很优秀，他们都认为音乐是他们生活的一个重要组成部分。我不认为各领域最优秀的人才只是将自己视为一棵枝丫繁多的树木的一条分枝而已。人们将所有这一切综合起来。宝丽来（Polaroid）的兰德博士曾说过，'我希望宝丽来站在艺术与科学的交叉口。'我从来都没有忘记这一点。我认为这是有可能实现的，并且应该有很多人都曾经尝试过。"

事实上，通过技术达到艺术般的效果就是苹果公司设计战略的一个秘密武器。为了找到这种艺术般的技术实现，苹果公司首席设计师乔纳森·伊夫所领导的设计团队并未局限在一个小圈子里，他们与工程师、市场营销人员，甚至与远在亚洲真正将产品生产出来的制造商保持密切的交流。他们不只在产品的造型设计上充满创意，还领先采用新材料、新生产流程。

乔布斯经常要求苹果员工认真品味那些优秀的工业产品，让他们在其中找到科技与艺术的完美结合，以给苹果公司的产品设计带来灵感。20世纪80年代，有一天，苹果公司总裁约翰·斯卡利看到乔布斯开着车在苹果公司总部的停车场横冲直撞。原来他正在分析这些汽车在设计方面的各种细节，寻找可以用到苹果公司产品设计上的元素。乔布斯对奔驰的设计情有独钟，他在和内部员工聊设计时说奔驰汽车锐利的细节与流线型线条之间的比例非常好，他们的设计不断柔化变得更有艺术感，而且细节更加突出。乔布斯认为这正是苹果产品应该学习的地方。

此外，除了宝马、奔驰，他一直很赞赏另一家德国电子产品公司——博朗。博朗是一家将高科技与艺术设计融合得很完美的公司。

把技术与艺术结合起来，把产品做得技术过硬且有内涵，是乔布斯之所以能创造出卓越产品的有效途径。

并不是理工科的学生就一定脑筋死板，只会跟枯燥的数字打交道，好像跟艺术丝毫不搭边。世界上所有的技术和学术都是一样的，只要钻研到了一定境界，就能够升华为艺术。

技术是可以打造成艺术的，年轻人一定要对这两个概念有一个宏观的理解，如果你认为一堆枯燥的数字实在是无聊，每天看一些电路图真的很没劲，这些都跟艺术没有关系，那只能说明两个问题：一是你在这个领域还没达到一定的高度；二是你根本不热爱这个领域或是这项技术。

科技不是艺术的对立面

在很多人的观念里，科技和艺术是两种完全不相干的东西，甚至是对立的，中国画的写意山水跟墨是由什么样的分子组成有什么关系呢？如果有人在欣赏《蒙娜丽莎》时评论说"蒙娜丽莎身后的房子不符合建筑学规范"，我们会认为他在破坏这幅艺术品的美感。

其实世间万物都是相通的，都是有关联的，并没有什么绝对对立的东西，真正伟大的艺术和文化都是广博的，兼收并蓄的，而伟大的科技成果披上艺术的外衣后也不会显得那么冷冰冰，更容易被大众接受。

乔布斯就是一个崇尚将科技和艺术融合的人。

1981 年，在美国西海岸的计算机展销会上，亚当·奥斯本推出了世界上第一款真正意义上的便携式个人计算机。这台计算机并没有让人惊艳的感觉，它的屏幕只有五英寸，内存也很小，但运行还算流畅。奥斯本本人的观念就是："够用就好，多出来的功能都是浪费。"乔布斯认为这种想法非常可怕，好几天的时间里他都在嘲笑奥斯本。即使走在苹果公司的走廊里，他嘴里也会不停地嘟囔："这家伙就是不明白，他不是在创造艺术品，而是在制造垃圾。"

在商业领域中，热爱科技的人和热爱艺术的人之间一直存在分歧，争论不断。乔布斯两个都爱，这一点在他为皮克斯公司和苹果公司工作的时候都有体现，而且他还在二者之间建立了桥梁，正如后来乔布斯自己所说：

"当我去皮克斯公司工作时，我开始意识到这个巨大的分歧。科技公司不懂创意，他们也不欣赏依赖直觉的思维方式，比如唱片公司的 A&R（全称为 'artist and repertoire'，是唱片公司下属的一个部门，负责挖掘、培养歌手或艺人）部门听了 100 个人演唱之后就能感觉到哪五个人会成功。他们之所以认为创意人员只是整天窝在沙发里，自由散漫，是因为他们从来没见过在皮克斯这样的地方，创意人员是多么富有紧迫感和专业素养。另一方面，音乐公司也对技术完全没概念。他们认为他们总能从外面雇到一些技术人员。但是这就像苹果公司去找人制作音乐一样。我们只能得到二流的 A&R 人员，就像音乐公司只能找到二流技术人员一样。我属于少数人，既懂得发明技术需要直觉和创造力，也知道制作艺术作品需要接受真正的专业训练。"

苹果推出的 iPod 音乐播放器大获成功，占据了大量市场份额，作为老对手，微软肯定也要跟进。2006 年 11 月，微软对 iPod 宣战，推出了 Zune 播放器，外观和 iPod 类似，但是不如 iPod 精致和轻巧。两年过后，Zune 播放器的市场份额还不到 5%。几年后，乔布斯发表了自己对于 Zune 缺乏灵感的设计和市场疲软的看法：

"随着年纪增长，我越发懂得'动机'的重要性。Zune 是一个败笔，因为微软公司的人并不像我们这样热爱音乐和艺术。我们赢了，是因为我们发自内心地热爱音乐。我们做 iPod 是为了自己。当你真正为自己、为好朋友或家人做一些事时，你就不会轻易放弃。但如果你不热爱这件事，那么你就不会多走一步，也不情愿在周末加班，只会安于现状。"

就像乔布斯说的，发明技术需要直觉和创造力，制作艺术作品也需要接受真正的专业训练，年轻人要有包容的胸怀和没有局限的思维，否则，站在科学或是艺术的立场上互相批评指责毫无意义。

艺术简单而又纯粹

艺术很简单，它没有一个固定的标准和界限，并不是一件雕塑或是一首音乐达到某种可以具体化的程度后就可以称为艺术品，正是这种简单，又让艺术显得有些复杂。艺术很纯粹，如果不是对某一领域或是某一事物有很深的理解，根本无法创造出艺术。艺术就是宁静的心灵对某一事物的深层次的感悟。

乔布斯一直在追求让苹果的产品看起来像艺术品，他对于艺术的热爱贯穿一生。

马友友是一位多才多艺的古典音乐家，他的人就像他的大提琴曲一样和蔼而深邃，乔布斯既尊敬他的为人，又欣赏他的艺术造诣。

乔布斯和马友友在 1981 年相遇，当时乔布斯在参加阿斯本国际设计大会，而马友友正在参加阿斯本音乐节。听过马友友的演出并跟马友友交流过后，乔布斯被他追求"纯粹"艺术的精神深深打动，成为他的乐迷。

乔布斯曾邀请马友友去他的婚礼上演奏，但是马友友当时恰好去了外地演出。几年之后，马友友特地来到乔布斯家，坐在客厅里，拿出他的 1733 斯特拉迪瓦里大提琴，演奏了巴赫的曲目。

他跟乔布斯夫妇说："这是我本来希望在你们的婚礼上演奏的曲子。"一曲终了，乔布斯泪流满面，他告诉马友友："你的演奏是我听过的最棒的，有如上帝驾临，因为我不相信一个凡人能做到这样。"后来马友友又拜访过乔布斯一次，他们围坐在厨房里，马友友让乔布斯的女儿埃琳摸了摸他的大提琴。当乔布斯被确诊为癌症后，他请求马友友答应在他的葬礼上演奏。

乔布斯从十几岁开始就喜欢上了鲍勃·迪伦的歌，但他只是欣赏迪伦的音乐和精神，并没有像现在的很多"追星族"一样疯狂地追逐迪伦，虽然以乔布斯的财富和社会地位，他想要"追星"肯定非常轻松。直到2004年，他才跟迪伦见了第一面。

2004年10月，乔布斯正处于第一次癌症手术后的恢复期，恰逢迪伦在乔布斯的居住地帕罗奥图附近演出。同样都是名人，迪伦很早就知道乔布斯是自己的乐迷，但迪伦不是一个喜欢社交的人，所以一直没有跟乔布斯产生交集。这次恰好在帕罗奥图附近演出，迪伦就顺势邀请乔布斯在演唱会之前在他住的酒店见面。

乔布斯后来回忆说：

"我们坐在他房间外面的露台上，谈了两个小时。我真的非常紧张，因为他是我心目中的英雄之一。而且，我也担心他本人不像我想象中那么聪明，或者他只是在'模仿'自己，就像很多人那样，这一定会让我非常失望。但是我很高兴，因为他说话入木三分，他的一切都和我想象的一样，非常开朗和真诚。他和我谈论了他的生活，还有他写歌的过程。他说：'有时一些旋律就那么来了，我并不是刻意要做出曲子来。那样的事不会再有了，我怎么都不能再那样写曲子了。'他停顿了一下，然后用他沙哑的嗓音微笑着对我说：'但是我还是会哼出这些调调。'"

后来，迪伦再一次到帕罗奥图附近演出，在演出前，他邀请乔布斯到他乘的旅行车上坐坐。在车上他问乔布斯最喜欢什么歌，乔布斯提到了《多余的清晨》，于是迪伦当晚就唱了这首歌。演出结束后，乔布斯走在回家的路上，一辆旅行车驶过他身旁时突然来了个急刹车，随后车门滑开了，"喂，你听到我为你唱的歌了吗？"迪伦依旧用他沙哑的嗓音问乔布斯。然后车就开走了，他们没有多说什么。

在乔布斯的记忆中，唯一让他紧张得舌头打结的时刻就是见到鲍勃·迪伦，他说："迪伦是我心目中经久不衰的英雄之一。我对他的喜爱随着时间而生长，现在已经成熟。我无法想象他在那么年轻时就取得了成功。"

君子之交淡如水，自始至终，乔布斯和迪伦之间都只是互相欣赏，他们甚至都不能称为朋友。

艺术简单而纯粹，浮躁的东西不是艺术，年轻人想要了解热爱艺术，就要先把自己的心静下来，平时多思考多感悟，不管是音乐、美术、电影还是雕塑，只要用心去感悟，一定能够有所收获。